うかたま

連載5年分！

白崎裕子の
料理とおやつ

白崎裕子

農文協

はじめに 4

ご飯もの 5

なぜ、鍋でご飯を炊くとよいのですか？ 6
基本 白米の炊き方 7
分づき米の炊き方 8
玄米の炊き方 9
応用 コンビニ風 塩むすび 10
海苔がゆ 11
ちらしずし 12
〈ご飯の素と友〉
薄焼き卵風クレープ 13
紅しょうが 13
すし三郎 13
ぐるぐる海苔巻き 14
ぐるぐる表巻き 14
ぐるぐる表巻き 芯あり 15
ぐるぐる裏巻き 16
おかか巻き 16

麺とパスタ 18

なぜ、地粉でうどんを打つのですか？ 19
基本 無敵の即打ちうどん 20
応用 お好み冷やしうどん 22
冷やし坦々麺 24
〈麺の友〉
麺つゆ 24
具だくさんラー油 25
ごまだれ 25
なめたけ 25
米粉の豆腐ニョッキ 26
ニョッキ 26
たたきイカトマトソースのニョッキ 28
すいとん 28

地粉のパン 30

こねずにパンができるんですか？ 31
基本 平焼きパン 32
ピタパン 34
応用 平焼きパンの野菜のソテーと豆のペースト添え 36
ピタパンの野菜サンドとチョコクリームとバナナのサンド 36
〈パンの友〉
ひよこ豆のペースト 37
玉ねぎのカレーピクルス 37
豆乳チョコクリーム 37
かんたん丸パン 38
基本の生地をつくる 40
オーブンを使う丸パン 42
フライパンを使う直焼き丸パン 43
中華鍋を使う揚げ丸パン 44
蒸し器を使う蒸し丸パン 45
ピザとフォカッチャ 46
ピザ 47
〈パンの友〉
豆乳チーズの素 47
青じそソース 47
ごまみそソース 47
フォカッチャ 48
大きいフォカッチャ 48
豆乳チーズフォンデュ 48

手づくりの調味料 50

ケチャップやマヨネーズってつくれるんですか？ 51
基本 豆乳マヨネーズ 52
蜂蜜ケチャップ 53
七味ソース 54
応用 ひよこ豆のケチャップライス 55
コーンクリームコロッケ 56
マカロニサラダ 57
甘酒のたれ 58
レモンだれ 58
しょうがこしょう 59
万能だれ 60
野菜と厚揚げの万能だれ炒め 61
ミニトマトのしょうがこしょうのせ 61
レモンだれのビーフンサラダ 61
植物性素材でつくる カレールウ 62
地粉のカレールウ 63
ココナッツオイルのカレールウ 64
ジンジャーカレールウ 65
おばあちゃんのカレーライス 66
エビのフレッシュトマトカレー 67
冷やしカレーうどん 68
なすのココナッツミルクカレー 69

〈カレーの友〉
夏の福神漬け 70
ひよこ豆のピクルス 71
オクラとトマトの冷たいの 71
新玉ねぎの甘酢漬け 71

おかずいろいろ 73

米粉でつくるかき揚げ 74
野菜のかき揚げ 74
さつまいもの天ぷら 75
納豆揚げ 76
おでん 78
がんもどき 79
サバのつみれ 80
ぬか漬け 82
ぬか漬けじゃがいもの
ガーリックソテー 84
エビとぬか漬けきゅうりの炒め物 84
古漬け椎茸の辛酸っぱいスープ 84
古漬け炒飯 84
野菜のスープ 86
焼きキャベツのスープ 86
白湯スープ 87
豆腐と青菜の中華スープ 88
きのこミネストローネ 89
かぶとエリンギのクリームスープ 90
カレーシチュー 91
〈スープの素〉
昆布水 87
きのこスープの素 88
地粉のホワイトルウ 90
〈スープの友〉
白みそ粉チーズ 92
タバ酢コ 92

おやつ 94

手づくりおやつの話 95
ごまクッキー 96
ジャムサンドクッキー 96
ぶどうのタルト 98
紅茶のマドレーヌ 100
ラム酒チョコケーキ 102
バナナとクルミのケーキ 104
米粉のパウンドケーキ 106
レモンパウンドケーキ 106
チョコパウンドケーキ 107
いちごのクランブルケーキ 108
フルーツクランブル 108
アイスクリーム 110
豆乳アイスの素 110
バニラアイスクリーム 111
ラズベリーアイスクリーム 112
チョコバナナアイス 112
〈アイスの友〉
パリパリチョコソース 112
キャラメルナッツ 112
ゼリー 114
ぶどうとワインのゼリー 114
りんごくずゼリー 115
コーヒーゼリー 116
抹茶ゼリー 116
〈ゼリーの友〉
練乳シロップ 116

冬の宴の料理 118

かんたん甘栗おこわ 120
厚揚げのチリソース 122
大根とりんごのキムチ 123
かんたんキムチの素 123
青菜の蒸しナムル 124
蒸し野菜のホットピクルス 124
りんごの杏仁豆腐 126
カモミール・レモンティー 127
みかんとしょうがのホットワイン 127
りんごとシナモンのホットワイン 127

COLUMN
塩むすびと発酵食 11
輸入小麦粉と地粉の違い 21
イーストのこと 36
大事な玉ねぎのしぼり汁 57
ココナッツオイルを使う理由 65

「白崎茶会」で使っている調味料・油 72
「白崎茶会」で使っている食材 93
食材別索引 129

・レシピは「うかたま」に掲載されたものですが、掲載時の材料やつくり方を変更し、よりつくりやすいレシピにしているものもあります。
・この本で使っている材料については、p72、93をご参照ください。
・昆布水は昆布だしで代用できます。
・小さじ1＝5㎖、大さじ1＝15㎖、1カップ＝200㎖です。

はじめに

この本は、季刊誌「うかたま」に掲載された
5年分の連載と特集ページのレシピに加筆修正して1冊にまとめたものです。

「目からウロコの料理教室」として始まった私のはじめての連載が、
まさかこんなに長く続くとは思っていませんでした。

なにしろ5年分ですから、基本から応用まで、
あらゆるレシピやコラムが混在しています。
ご飯に、おかずに、麺に、パン、おやつまであって、
まるで遊園地のような本になっています。

「なぜこの素材を使うのか」「なぜこういう調理法なのか」。
いつもならページの都合で割愛するような部分も、
その理由が読者にしっかり届くようにと、「うかたま」編集部が、5年間にわたり、
くわしく、正確に、取材してまとめてくださいました。

私もまた、届くといいなぁと願いながら、誰かに手紙を書くような気持ちで、
レシピをつくり続けてきたのです。

これは、昔ながらのシンプルな素材をつかって
「なつかしくてあたらしい家庭料理」を、かんたんに楽しくつくるための本です。

忙しくてなかなかつくれないけれど「ほんとうはつくりたいもの」を、
限られた時間の中、現代の小さなキッチンで、「効率よく」つくるワザや、
安心なものを食べていくための方法がたくさん載っています。

「ひとつひとつのレシピの材料が少ない」というより、
もっとトータルでみたときに「家で使う材料すべてが少なく」なるはずです。

たとえば、地粉があれば1種類の粉だけで、
パン、麺、ソース、ルウ、焼き菓子、クリーム、揚げ物、など何でもつくれますし、
最初に基本調味料さえそろえれば、混ぜ合わせるだけで、あらゆる味がつくれます。

巻末には素材別索引もありますので、どこから読んでいただいても大丈夫。
ぜひ好きなところから開いてください。
材料が手に入らなければ、手に入るのを待たずに、ほかのものをつくってみてください。
遊園地で、ジェットコースターが混んでいたら並ばずに、
乗ったことのない乗り物に乗るのがおすすめです。

みなさんが、この本の中に、たったひとつでも
繰り返しつくりたいレシピを見つけてくれたなら…。

想像しただけで、もう嬉しくなってきました。

白崎裕子

ご飯もの

ご飯は炊飯器で炊くものと思っていませんか？
ここでおすすめするのが、鍋での炊飯。
じつは、炊飯器より簡単でおいしいのです。
白米、分づき米、玄米。
どんな条件でもご飯が炊ける技術は強みです。

なぜ、鍋でご飯を炊くとよいのですか？

白崎裕子さん×編集部

編 鍋でご飯を炊いてみたいけれど、なんだか難しそうで…。

白 それは炊飯器で炊いている人が、いきなり土鍋で玄米を炊こうとしたりするからですよ。

編 それ、私です（笑）。

白 途中を飛び越えちゃっているんですね。まずは白米から。白米が炊ければ、分づき米も玄米も大丈夫です。

編 白米なら炊飯器でもいいんじゃないですか？

白 いえいえ、炊飯器より鍋のほうが、簡単で早くて洗いものも少ない。なんといってもふっくらおいしく炊ける。お冷やでもおいしいんです。それに停電のときも安心。いざというときに、鍋でご飯が炊けると強いですよ。

編 それはうれしいです。でも鍋だと目盛りがないから、水の量がよくわからないんですよ。

白 まずは洗った米と水を1：1で炊いてみてください。かたければ次は水を増やせばいいし、やわらかければ水を減らせばいい。同じ鍋で2回も炊けば上手に炊けるようになります。

編 どんな鍋がおすすめですか？

白 蓋ができる鍋なら何でも。もし蓋がなくても、代わりにお皿をのせればいいんです。ただ、ある程度深さがあるほうがしっかり沸騰させられますね。うちで使っているのはステンレスの「ライスポット」。深いので、菜っ葉も麺もこれでゆでます。片手でブンブン振り回せるぐらいの軽さが扱いやすいです。

編 この鍋はご飯以外にも使えて便利そう。

白 そうでしょう。炊飯用の鍋が重いのは、一つには沸騰したとき、重い蓋をして吹きこぼれないようにする、という理由もあります。でも、この炊き方なら沸騰するまで蓋をしないので、軽い素材で大丈夫です。

編 ほかに用意するものは？

白 ぜひ精米機を買ってください！ 精米機があれば、一年中おいしいご飯が食べられますよ。新米の時期はつやつやの玄米を食べて、春一番が吹いたら少しお米の表面を磨く。梅雨に入ったらぬかが酸化してくるので三分づき、土用のうだるような暑さになったら思い切って五分づきにします。削ったぬかはぬか床にして、野菜をたっぷり漬けます。精米機があると、新鮮なぬかが手に入るので、おいしいぬか漬けが毎日食べられるんです。

編 鍋でご飯が炊けて、あとは味噌汁がつくれれば、ぬか漬けもあるし、それで食事として成り立ちますね。これは、食べていくのに大事な技術。鍋炊きご飯、やってみます。

量る容器は目盛りのないコップでも空き缶でもなんでもよい。必ず、同じ容器で水を量ること

基本 白米の炊き方

覚えておこう

- 水は米と同量で
- 沸騰するまで蓋はしない
- 強火で沸騰させたら、蓋をして弱火で10分、蒸らし10分

〈材料〉

水…マグカップ1杯

米…マグカップ1杯

1 洗う

米を量って鍋に入れる。たっぷりの水を加え、3回ほど水を替えて洗い、鍋をかたむけて水を切る。

2 浸す

鍋に米と同量の水を入れる(①)。米が白くなるまで、30分以上浸水させる(②)。

Point

白米は洗ったら同量の水を足すと覚えれば、カセットコンロと空き缶でも炊けます。

3 炊く

蓋をしないで強火にかける(③)。鍋が小さいときは、中火から始める。勢いよく沸騰したら(④)、蓋をして弱火で10分炊く。

Point

盛大に沸騰させると、下から上に蒸気が通る道、カニ穴ができてお米がふっくら炊き上がります。

4 蒸らす

中の状態を見る(⑤)。まだ表面に水分が残っていたらあと1~2分加熱する。ちょうどよければ蓋をして、強火で10秒加熱し、火を止めて15分蒸らす(⑥)。

1 米と同量の水を入れる

2 透明だった米粒が水を吸って白くなれば浸水完了。冬は長めに浸水させる

3 蓋をしないので、吹きこぼれる心配がない

4 小さい泡ではなく、五円玉大の泡がボコボコ出ている状態に沸騰させる

5 表面に余分な水気がなく、ふわっと盛り上がっていればよい

6 炊き上がりはカニ穴があく

分づき米の炊き方

覚えておこう

・沸騰したらアクをとる
・強火で沸騰させたら、蓋をして弱火で15分、蒸らし15分

〈材料〉

水…マグカップ1杯強　　五分づき米…マグカップ1杯

1 洗う

米を量ってボウルに入れる。たっぷりの水を加えて素早くかき混ぜたら、水はすぐに捨てる。数回とぎ(①)、新しい水を加えて素早く混ぜ、水はすぐに捨てる。水が濁らなくなるまでこれをくり返し、ザルにあげる。

Point
分づき米はぬか臭さが移りやすいので、最初の水はすぐに捨てます。

2 浸す

鍋に米と、米の同量よりやや多めの水を入れ、1時間以上浸水させる。

Point
水分量は、七分づきなら、白米同様、水は同量。五分づきならやや多めの1・3倍、三分づきならもう少し多めの1・4倍ぐらいが目安です。

3 炊く

蓋をしないで強火にかける。沸いてきたら、強火のまま勢いよく沸騰させる。アクをすくい取り(②)、蓋をして弱火で15分炊く。

Point
このアクを取ることで、分づき米特有のぬか臭さも取れます。

4 蒸らす

中の状態を見る(③)。ちょうどよければ蓋をして強火で10秒加熱して火を止め、15分蒸らす。

水がない状態でぐるぐる回し、米どうしをすり合わせてぬかを取る

ぬか床のススメ

米ぬかはぬか床にして、ぬかの栄養も野菜もおいしくいただきましょう。

米ぬか：水＝1：1に、10〜15％重量の海塩を混ぜ、ぬか床をつくり、密閉容器に入れて冷蔵庫で保存。

仕込んだその日に漬けたものは、「ぬか風味の塩漬け」です。まず冷蔵庫に入れて低温で乳酸菌をしっかり増やし、夏の間はとにかく酸っぱい漬物を食べ続けます。秋になったら冷蔵庫から出す日を増やし、だんだん他の菌を増やします。寒くなったら室温におき、冬を越せば菌も安定して傷みにくくなり、おいしく漬かるようになります。

●詳しいつくり方→p82

玄米の炊き方

覚えておこう

・一晩浸した水は捨てる
・強火で沸騰させたら、蓋をして弱火で40分、蒸らし20分

〈材料〉

水…マグカップ1.5杯

玄米…マグカップ1杯

1 洗う

米を量ってボウルに入れる。たっぷりの水を加え、数回水を替えてモミガラなどを取り除く。

2 浸す

ボウルに米と、米の3倍量の水（分量外）を入れ、一晩浸水させる。米をザルにあげ、水を捨てる①。

Point

浸けた水を捨てると、玄米ご飯が苦くなりません。

3 炊く

鍋に玄米と1・5倍量の水を入れ、蓋をして強火にかける。沸騰直前に蓋をとり、強火のまま勢いよく沸騰させる。アクをすくい取ったら②、蓋をして弱火で40分炊く。

4 蒸らす

中の状態を見る③。ちょうどよければ蓋をして、強火で5〜10秒加熱して火を止め、20分蒸らす④。

memo

使う鍋は玄米の場合、土鍋がおすすめです。

失敗？ でも大丈夫

蒸らす前のご飯の状態が、表面がベチャベチャして水っぽいときは蓋をして弱火で1〜2分、強火で10秒加熱して火を止めます。逆に、表面がパサパサで水が足りないときは（写真）、打ち水をして弱火で1〜2分加熱して火を止めます。完全にこげてしまったら、p11の海苔がゆにして、おいしく食べましょう。

応用

コンビニ風 塩むすび

乾いた海苔を巻けばまさにあの味！
ご飯のつぶつぶ感も残って冷めてもおいしい

〈材料〉3個分
温かいご飯…茶碗2杯分（約300g）
A ┌海塩…小さじ1/2
　 │梅酢…小さじ1/2
　 └太白ごま油…小さじ1/2

〈つくり方〉
1　ご飯にAを混ぜ、3等分にして、お碗など小さめの器に入れてカタカタふって丸くする（①）（ここで具を入れてもよい）。
2　手水をつけて、手のひらに塩をひとつまみずつ（分量外）、3カ所につけ（②）、手をすりあわせる。
3　1をそれぞれサッとにぎり、手についた塩をご飯に移す。
4　1つずつ、3回にぎって途中でくるっと返し4回、計7回でにぎる。
◎続けて3個にぎるので、手水をつける回数が減り、水っぽくならない。

①

②

海苔がゆ

ご飯のおこげと海苔で滋味深い味わいに
お鍋もきれいになるのがうれしい

〈材料〉1～2人分
鍋に残ったおこげご飯…茶碗1杯分
水…ご飯の3倍
海苔…1枚
海塩…適量
ごま油、醤油…少々

〈つくり方〉
1　鍋底に残ったおこげに水を入れ、こびりついたご飯を落とし、塩と海苔をちぎって入れる。
2　弱火で海苔がとろりとするまで煮込む。仕上がりに好みでごま油と醤油を入れる。
◎梅、わさび、ごま油とこしょうなどを入れてもおいしい。

おこげはしゃもじなどでこそげ落とす

塩むすびと発酵食

最近は、お母さんのおむすびより、コンビニおむすびのほうがおいしいという子どももいるとか。それなら、とコンビニ味のおむすびを手づくりしちゃいました。でも、コンビニよりこっちのほうが絶対おいしくて安心。梅酢は化学調味料、腐敗防止のpH調整剤の、ごま油は保湿用の油の代わり。これならおむすび初心者でも失敗しません。ちょっと試してみてください。面白いですよ。

塩だけでつくるのが本当ですが、今の人は昔の人と違い手の乳酸菌も少ないので、しょっぱいだけの団子のようなおむすびになってしまうのです。ぬか漬けや味噌など自分で発酵食をつくっていると、体にも菌が増えておいしい塩むすびができるようになります。

ちらしずし

ご飯の“素”と“友”があれば
あっという間にできるごちそう

〈材料〉 1人分
炊き立てのご飯…茶碗1杯
すし三郎（ちらしずしの素）
　…大さじ2
薄焼き卵風クレープのせん切り、紅しょうが、ゆでたさやえんどう…適量
好みでもみ海苔、炒りごま
　…適量

〈つくり方〉

ご飯茶碗1杯につき、すし三郎大さじ2を入れて、全体を混ぜ合わせる。そのままでもおいしいが、好みでもみ海苔や炒りごまをふってもよい。薄焼き卵風クレープのせん切り、ゆでたさやえんどう、紅しょうがなどで飾ると華やかになる。ハレの日にはイクラやエビなどをのせてもおいしい。

◎ちらしずしの隣はふくさずし。薄焼き卵風クレープの上にちらしずしを入れてふくさに包む。ゆでた三つ葉で結んでもよい。

ご飯をつぶさないようにさっくり混ぜる

ご飯の素と友 ご飯がもっとおいしくなる、あると便利なアイテム

素 すし三郎

“あったかご飯に混ぜるだけ”
酢飯いらずのちらしずしの素

〈材料〉ご飯4～5合分
ごぼう…1/2本(75g)
にんじん…小1本(75g)(せん切り)
干し椎茸…4枚(水で戻す)(薄切り)
油揚げ…2枚(薄切り)
無漂白のかんぴょう…10g
A 椎茸の戻し汁＋水…2カップ
A 醤油…大さじ4
A 本みりん…大さじ3
A てんさい糖…50g
海塩…小さじ1弱
純米酢…80g

〈つくり方〉
1 ごぼうはささがきにして約10分水に放ち、ザルにあげる。かんぴょうは水でサッと洗い*、3cmに切る。
2 鍋にA、ごぼう、かんぴょう、椎茸を入れ、中火にかけ、沸騰したら5分ほど煮ながらアクを取る。ここでしっかりアクを取らないと、ごぼうは黒くなり、干し椎茸臭さが残る。
3 塩と油揚げを加え、蓋をして弱火で約20分煮る。
4 にんじんを加え、汁を飛ばすように煮て火を止める(①)。鍋を傾けると汁気が少し残っているぐらいまで。カラカラにしない。
5 熱いうちに保存瓶に移し、冷めたら酢を回しかける(②)。冷蔵庫で2カ月保存可能。

＊無漂白かんぴょうはかたくないのでもむ必要はなく、水で洗うだけで戻る。

友 紅しょうが

赤梅酢で色みをつけるので
酢っぱすぎずやさしい色合い

〈材料〉つくりやすい分量
しょうが…正味200g(皮をむいてせん切り)
A 赤梅酢…100g
A 純米酢…50g
A てんさい糖…15g

〈つくり方〉

しょうがはザルに広げて熱湯(分量外)を回しかける。保存瓶に入れ、しょうがが熱いうちにAを加える。冷蔵庫で約2週間保存可能。

1

2

友 薄焼き卵風クレープ

オムライスにも使える
卵を使わないのに薄焼き卵の味

〈材料〉4枚分
A 地粉(国産の中力粉)…50g
A 米粉…50g
A 海塩…小さじ1/2
A ターメリック…少々
B 無調整豆乳…150g
B てんさい糖…小さじ2
B 菜種サラダ油…大さじ1

〈つくり方〉
1 ボウルにAを入れ、泡立て器でよく混ぜ、ダマをなくす。
2 Bを加え、なめらかになるまで泡立て器でよく混ぜ、約15分以上寝かせる。
3 鉄のフライパンを強火にかけ、煙が出るまで熱し、火を止め、油少々(分量外)を入れ、なじませる。
4 2の生地を玉じゃくし1杯分すくい、丸くなるよう流し込む。形を整えたら弱火にかけ、表面が乾いてくるまで焼き、火を止めてひっくり返して余熱で裏も焼く。

◎生地がのばしにくいときは、水を加えて調節する。

ぐるぐる海苔巻き

巻きすも熟練の技もいらない
ぐるぐる巻くだけの海苔巻き。
具はたくあんからレタス、ツナまで。
おむすびより簡単です。

Ver.1

ぐるぐる表巻き

手を汚さないでできる
初心者にも簡単な海苔巻き

〈**材料**〉1本分
海苔…1／2枚
温かいご飯…茶碗少なめ1杯分（約100g）
梅酢…小さじ1～適量
ごま油…小さじ1／3
せん切りのたくあん、白ごま…適量

1 ご飯に梅酢を混ぜ、ごま油を入れて混ぜる（①）。混ぜるのはスプーンでよい。
2 海苔よりひと回り大きいラップを敷き、海苔をのせる。1の酢飯を、向こう側を2～3㎝残し、スプーンで全体に広げて平らにならす（②）。
3 たくあんを全体にのせ、白ごまをパラパラとふる（③）。
4 手前から小さく丸め（④）、そのままぐるぐる最後まで巻く。
5 ラップをかぶせて向こう側をひいて全体をしめ（⑤）、形を整える。
6 p15の6、7のように切り分ける。

海苔の切り方

海苔を筋目（干し線）に沿って半分にする。縦横をまちがえるとのりが短くなり、巻きにくい

memo
ごま油が入ると、ご飯がベタベタくっつきません。それに野菜だけのおすしでもコクが出ておいしいんです。

Ver.2

芯あり

ぐるぐる表巻き

紅しょうがが芯になった切り口が花のような海苔巻き

〈材料〉1本分
海苔…1／2枚
温かいご飯…茶碗少なめ1杯分（約100g）
梅酢…小さじ1～適量
ごま油…小さじ1／3
紅しょうが（p13）、刻み高菜漬け…適量

1～2 Ver.1と同様にする。
3 芯になるよう、紅しょうがをのせる。間をあけて高菜漬けを広げる。手前、奥には具をのせない（①）。
4 紅しょうがを芯に、ギュッとつかんで巻く（②）。
5 そのまま向こうにぐるぐる巻き（③）、Ver.1と同様にラップで全体をしめ、形を整える（④）。
6 ラップに3カ所ちょっとだけ切れ目を入れる（⑤）。こうするとラップごときれいに切れる。
7 切れ目から4つに切り分け（⑥）、ラップをはずす。

巻きすがなくても
海苔の半分の幅なので
ラップで巻けるんです

memo

写真①の矢印で示した部分は、ご飯どうしがくっついてのりしろの役割をします。そこさえ残せば、あとはどんな具をのせても大丈夫。

ぐるぐる裏巻き

具はレタスにマヨネーズ
まるでサンドイッチ

〈材料〉1本分
海苔…1／2枚
温かいご飯…茶碗少なめ1杯分（約100g）
梅酢…小さじ1～適量
オリーブオイル…小さじ1／3
豆乳マヨネーズ（p52）…適量
白ごま、レタス、ゆでアスパラガス、にんじんのマリネ、ツナ…適量

1 ご飯に梅酢を混ぜ、オリーブオイルを入れて混ぜる。海苔全体に広げてならし、白ごまを全体にふる（①）。

2 海苔よりひと回り大きいラップを上にかぶせて少しならし（②）、ひっくり返す。

3 海苔の上、手前から4～5cmのところにマヨネーズをのせる（③）。

4 マヨネーズの上に具をのせる（④）。レタスやアスパラは両端をはみ出させる。

5 手前のラップごと持ち上げて、具を芯にギュッとつかんで巻き、手前に引く（⑤）。

6 ラップを巻き込まないよう持ち上げてそのままぐるぐる巻き（⑥）、形を整える。

7 ラップに切れ目を入れ、切れ目から切り分け、ラップをはずす。マヨネーズ、オリーブオイル、醤油、こしょうなどをつけてもおいしい。

memo
裏巻きはパンにはさむような洋風の具でもおいしいです。

裏巻きバリエーション

おかか巻き

ご飯に梅酢ではなく醤油を混ぜ、ごまの代わりにかつお節を全体に広げる。ひっくり返し、海苔の上にきゅうりやたくあんの細切りをのせて巻く。

白崎裕子さん×編集部

編 この海苔巻きは本当に目からウロコ。巻きすを使わないんですね。

白 海苔1枚分で巻くなら巻きすがいるんですが、半分の幅なのでラップでできるんです。

編 くるくる巻いたのをそのままお弁当にしてもよさそう。スプーン1本で酢飯がつくれて、そのままのばせるから、忙しい朝にありがたいです。

白 表巻きはおにぎりより簡単ですね。ごま油入りの酢飯は、くっつきにくくつぶれにくいので、スプーンで広げても大丈夫なんです。もちろん手で広げてもOK。手にもくっつきにくいですし、ギュッと巻いてもつぶれないので安心。初心者にもおすすめです。

編 裏巻きも見た目より簡単でした。ご飯と一緒に野菜もたっぷり食べられるのがうれしい。華やかでお客さんが来たときにもいいですね。

白 裏巻きは食べやすいので、まだ上手に海苔が噛みきれない子どもやお年寄りにも人気なんです。とりあわせにスープや汁物を用意すればそれだけで食事になります。ごまの代わりに炒ったスライスアーモンドや刻みしょうがでもいいし、サーモンとアボカドを巻いてもいいですよ。

麺とパスタ

市販の麺は、外国産の小麦粉でつくられたものがほとんど。
手づくりすれば、地粉や米粉と日本の素材を使って
とびきりおいしい麺とパスタができます。
しかも買いに行くより、つくったほうが簡単で早い。
たれやソースを変えれば、食べ方は無限に広がります。

なぜ、地粉でうどんを打つのですか？

白崎裕子さん×編集部

編 うどんを手打ちするのは、ちょっとハードルが高いですね。

白 この無敵の即打ちうどんは簡単ですよ。スーパーに行ってうどんを買って帰ってきて、お湯をわかすより、圧倒的に早いです。

編 でも、うどんって生地をこねたあと、一晩寝かせたりするんじゃないですか？

白 そんな必要ありません。30分あれば食べられます。

編 30分？ 足で踏まなくてもいいんですか？

白 力任せに踏んだら、生地がいたんでしまいます。この生地は水じゃなくてぬるま湯を加えることでグルテンが早くできる。塩も少なめ。だから、寝かせる時間が少ないし、無駄にこねなくてもいいんです。酢が入るので塩がなくてもコシが出ます。即打ちうどんならご飯を炊くより早いんです。切るのがめんどうなら、ちぎって具だくさんの汁に入れれば、すぐ食べられます。

編 なんだかやれそうな気になってきました。

白 そうでしょう。そして打つなら、地粉を使ってください！

編 地粉というと、日本の小麦粉ですよね。国産小麦の粉は中力タイプが多いと聞いていますが、それなら市販の中力粉でもいいということですか？

白 それは中力粉の規格に合わせた輸入の小麦粉で、地粉ではないことが多いです。規格に合わせていろいろな品種の粉をミックスしたものもあり、もう加工食品といってもいいぐらい。地粉は、日本の土地で育ち、収穫、製粉された粉、いわゆるうどん粉です。袋に「地粉」と書いてあるものや、「農林61号」「チクゴイズミ」などのように品種名が入っているものを選んでください。同じ品種でも、田んぼで育てた小麦と、畑で育てた小麦とでは、タンパク質の量が違いますが、地粉は地粉、どちらの粉でもおいしいうどんになります。

編 ということは、うどんを打つのに、タンパク質の量、つまりグルテンの量は関係ないということですか？

白 そうなんです。グルテンが多くても少なくても、この即打ちうどんはできます。うどんのおいしさのポイントのひとつはでんぷん。地粉のでんぷんが日本人の大好きなモチモチ感、甘味やうま味をつくります。地粉はたいていミネラルが残っているから、色は悪いけれどその分味わいがあります。麺だけで食べてもおいしいから、醤油をかけるだけでも十分です。

編 お米は品種や産地で選んでいたけれど、小麦粉はあまり考えていませんでした。地粉、買ってみます。

準備するもの

菜切り包丁
刃が薄く、厚いものがまっすぐ切れる。生地を小さくたためば普通の包丁でも

麺棒とのし板
生地を1／2にしてのばせば、のし板はまな板でも、細い麺棒でもOK

基本

無敵の即打ちうどん

覚えておこう

・粉に水を加えたら、手早くほぐすように混ぜる
・10分寝かせ、1分こね、10分寝かせる

〈材料〉3～4人分
地粉…250g
ぬるま湯…110g
海塩…小さじ1強（6g）
純米酢…小さじ1弱（4g）

1 粉を混ぜる 下準備

ボウルに粉を入れ、空気を含ませるように全体をかき混ぜる。

2 こね水の準備 下準備

ぬるま湯に塩、酢を入れて溶け残りがないようによく混ぜる（こね水）。

Point
ぬるま湯の温度と量は、夏は30℃で110g、春秋は30℃で120g、冬は35℃で130gが適切。

3 水を回す

1にこね水を3回に分けて入れる。水と粉が均一になるよう、指を広げてボウルの底の粉をこすり落とすようにしながらよく混ぜる。

1回目の水を入れたあと、フレーク状になるよう、素早くほぐすように混ぜる

3回目の水を入れたあと。粉に水を入れるようなイメージで、粉っぽさがなくなるまで、ちぎりながらもみ込む

Point
水回しとは粉に水をなじませること。ここではこねたり、ひとまとまりにしません。ほぐすことでむらなく全体に水が回ります。

4 寝かせる

今にもひとまとまりになりそうな状態になったら、ポリ袋に入れて、袋の口をねじり、10分寝かせる。

全体に水が回り、粉っぽさがない。これ以上水を入れるとべたつく。ひとまとめにせず、ボコボコ状態のままで寝かせる

5 こねる

生地を袋から出しひとまとめにし、全体を回しながらこねる。すぐにまとまるので、1分ほどでひと回りすればよい。

上半分を中心に向かって折り、折り目の部分を手のひらでぎゅっと押す

失敗？ でも大丈夫

4で、生地の中がベトベトしていたら、再びよくもみ込みます。パサパサで全体がかたいようなら、水を霧吹きしてからもみ込みます。6のこね上がりで、生地の表面がボロボロやビリビリになったときは、再びポリ袋に入れて寝かせてもう一度こねます。

①ボロコ

②ビリコ

③ツヤコ

①水が均等に回らずボロボロになった「ボロコ」。1回目の水を入れたときに、のろのろ混ぜるとこうなる　②こねすぎて表面がビリビリに破れた「ビリコ」　③きれいにこねられた「ツヤコ」

6 寝かせる

生地をひっくり返して丸くまとめる。再びポリ袋に入れて、袋の口をねじり、10分寝かせる。生地が緩くなり、のばしやすくなる。

こね上がりの表面はつやがありなめらか

7 のばす

手のひらで四角くなるように押さえてから(①)、麺棒で全体をのばす(②)。ひっくり返し(③)、打ち粉(分量外)をして約30cm角になるようのばす(④)。

ひっくり返したら、打ち粉をする前に閉じ目を手で押さえてなめらかにする。ここに打ち粉が入ると切れやすい

Point
普通の生地よりだれやすいので、こねたらすぐにのばします。

8 切る

打ち粉をふり、屏風《びょうぶ》だたみにして(⑤)、右端から包丁で5〜7㎜幅に切る(⑥)。粉をしてほぐす(⑦⑧)。

生地を両手に持ち、上にいくにしたがって面積が小さくなるように折り重ねる

包丁を押して切る

折りたたまれた麺を開いて折り目に打ち粉をする

一本ずつほぐし、そろえたらまな板にたたきつけてしわをのばし、余分な打ち粉を落とす

9 ゆでる

たっぷりの湯で、麺をゆでる。沸騰から7〜8分、浮いてくるまで。全体に火が通り透明感が出たら菜箸で混ぜる。

10 水で洗う

冷水にとり、水が濁らなくなるまでしっかり洗う。水で洗わずに熱いまま食べてももちもちでおいしい。

輸入小麦粉と地粉の違い

スーパーでは、「うどん専用粉」という小麦粉が売られていますが、多くはオーストラリアやアメリカ産。機械にかけても生地がいたみにくく、同じ品質のものを大量生産するための粉で何種類かの小麦をブレンドしたものもあります。強靭なコシのある真っ白なうどんに仕上がりますが、地粉のもつ、もちもち感やうま味はありません。

輸入小麦はポストハーベストの心配もあり、それが小麦アレルギーの原因ともいわれています。麺は主食ですから、やはり昔から日本人が食べてきたもののほうがいい。手打ちうどんのよさは、自分で粉が選べることです。地粉は、品種や産地によって味や食感に違いがありますから、いつも同じようにできるとは限りません。でも、それが地粉の面白さ。いろいろな粉で試してみて、自分の好みの味を探してみましょう。

応用

お好み冷やしうどん

ゆでて並べるだけの
手間いらずの食卓
この具にはあのたれで、
と箸が止まりません

〈材料〉 3〜4人分
無敵の即打ちうどん…3〜4人分
麺つゆ、ごまだれ、具だくさんラー油（p24、25）、醤油…適量
大根おろし、納豆、ゆでたオクラ、ゆでたさやいんげん、きゅうりのせん切り、なめたけ(p24)、焼いた油揚げのせん切り、ワカメなど…適量
薬味（青ねぎの小口切り、しょうがのすりおろし、もみ海苔、白すりごま、すだちなど）…適量

〈つくり方〉
1　ゆでて冷水でしめたうどんをザルに盛る。
2　器にうどんをとり、好みの具や薬味をのせていただく。

麺つゆ

もう市販の麺つゆは必要ありません
水で割ってかけつゆにもどうぞ

〈材料〉約400g分
醤油*…200g
A 酒…200g
A 本みりん…135g
A 昆布…20g（細切り）

〈つくり方〉
1 Aを小鍋に入れ、30分以上おいたら中火にかける。沸騰したら弱火にして、表面がフツフツしている状態で、アクを取りながら5分加熱する。
2 醤油を加えてひと煮立ちしたら火を止める。
3 粗熱が取れたら昆布を取り出し、保存容器に入れる。冷蔵庫で1カ月保存可能。

＊醤油は国産原料でつくった添加物の入っていない天然醸造のものを使う。よい醤油が手元にない場合は、Aと一緒に最初から鍋に入れて加熱する。
◎かつお節を使う場合は、かつお節10gに昆布10g、あるいはかつお節のみ20g入れて同様につくる。

冷やし坦々麺

植物性素材だけなのにコクとうま味たっぷり
これさえあれば暑い夏も乗り切れる！

〈材料〉3～4人分
無敵の即打ちうどん…3～4人分
無調整豆乳…100g
麺つゆ…大さじ2
具だくさんラー油…大さじ2強（30g）
刻んだニラ、ミニトマトなど…適量

〈つくり方〉
1 ゆでて冷水でしめたうどんは、水気をよく切り、器に盛る。
2 麺つゆを豆乳でのばし、ラー油を混ぜ、1にかける。ニラ、トマトを散らす。

麺の友 麺がもっとおいしくなる、あると便利なアイテム

なめたけ

麺だけでなくご飯にも合う
定番のつくりおきおかず

〈材料〉つくりやすい分量
えのきだけ…3パック（正味300g）
A
- 醤油…大さじ4と1/2
- 本みりん、酒…各大さじ3
- 純米酢…小さじ1と1/2

〈つくり方〉
1　えのきだけは根元を切り落とし、2〜3cmにカットして鍋に入れ、Aを加えて混ぜ10分以上浸ける。水分が出てくる。
2　鍋を中火にかけ、沸騰したらアクをしっかり取りながら5分煮る。
3　ごく弱火にして蓋をし、さらに15〜20分煮て、水分がなくなったら火を止める。冷蔵庫で1カ月保存可能。

ごまだれ

梅酢のほのかな酸味が加わった
豊潤なごまの風味のつけだれ

〈材料〉2〜3人分
味噌…大さじ3
白練りごま…大さじ1と1/2
梅酢…大さじ1
メープルシロップ…小さじ1と1/2
昆布だし（または水）…大さじ6

〈つくり方〉
すべての材料を混ぜ合わせる。冷蔵庫で2週間保存可能。

具だくさんラー油

具やつゆなしでもこれだけでOK
野菜が食感やうま味をプラス

〈材料〉つくりやすい分量
みじん切り
- 玉ねぎ…大1/4個（50g）
- ごぼう…1/4本（50g）
- にんにく…大4かけ（25g）
- しょうが…1かけ（15g）

一味唐辛子…小さじ2
菜種サラダ油…70g
A
- ごま油…大さじ2
- メープルシロップ…大さじ1
- 海塩…小さじ1/2　醤油…大さじ3
- 白炒りごま…大さじ2（15g）

〈つくり方〉
1　鉄のフライパンに野菜、菜種油、一味唐辛子を入れ、中火にかける。沸騰したら弱火にして、表面に泡がシュワシュワ出ている状態で5分加熱し、火を止める。
2　粗熱がとれたら、Aをすべて加え、ひと混ぜして保存瓶に入れる。冷蔵庫で3週間保存可能。

◎翌日から食べられるが、2日以上おくと味がなじむ。唐辛子の代わりにパプリカパウダー少々を入れると辛くない。

おすすめの使い方

なめたけ入り
納豆おろしうどん

せん切りきゅうりと
ラー油うどん

オクラごまだれ
うどん

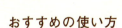

米粉の豆腐ニョッキ

米粉はお菓子によく使いますが、もちろん主食にもなります。米粉と豆腐でつくるパスタはじつはご飯を炊くより簡単です。

\start!/

ニョッキ

米粉と豆腐をこねるだけ いろいろな形が楽しめる

〈材料〉 3～4人分

米粉*…200g
絹ごし豆腐…1／2丁（150g）
オリーブオイル**…20g
海塩***…小さじ1／2

*うるち米の粉。上新粉ではなく、製菓用の微粉末のもの。
**太白ごま油や菜種油でもよい。
***ゆで汁に塩を入れる場合は必要ない。

1 ボウルに米粉と豆腐と塩を入れてよくこねる（①）。

memo
こね方にコツはありません！ こね過ぎても問題なし。うどんのようにコシをつくる必要もないので、力のない子どもでもできます。

2 全体が混ざりまとまったら、油を入れて（②）さらにこねる。のびがよくなりまとまってくる。ボソボソしていたら、水（分量外）を少し足す。

3 のし板などに打ち粉（米粉・分量外）をし、形を整えて4分割する。手で転がして棒状にのばす（③）。

4 棒状にした生地を1～2cmに切り分ける。切り口に打ち粉をつけ、フォークの上にのせて親指でギュッと押して、向こうに転がす（④）。筋がついて火が通りやすく、ソースがからみやすくなる。

Point
時間をおくと乾くので、どんどんつくりましょう。

こんな形もあり！

面倒ならば手で適当な大きさにちぎってもよい。汁ものに入れると端の部分が溶けてとろみになる

縦長に成形し、火が通りやすくなるよう菜箸で押して真ん中をくぼませる

5 鍋にたっぷりの湯を沸かし、4を入れて約4分ゆでる。火が通ると浮いてくるので引き上げる（⑤）。沸騰してわかりにくければ、火を止めた状態で浮いているかどうか確認する。

6 引き上げたら、そのままソースなどをからめる。好みで冷水でしめてもよい（⑥）。

ゆでたままのほうはふんわりもっちり
水でしめたほうはキュッとした食感です

Goal!

バジルペーストと合わせて粉チーズ（または白みそ粉チーズ・p92）をふればこれで一品（左）。ごま油、醤油、かつお節をかけたおかか風味も手軽でおいしい

Ver.1

たたきイカトマトソースのニョッキ

冷やしてもおいしいので具は魚介がおすすめ

〈材料〉 3〜4人分
イカ*…1杯（正味200g）
トマトの水煮…1缶（400g）
玉ねぎ…1／2個（100g）
セロリ…50g
にんにく…2かけ
赤唐辛子…1本（なくてもよい）
オリーブオイル…大さじ2
海塩…小さじ1〜適量
*ゲソとエンペラだけでもよい。その場合は2杯分用意する。

1 イカはできるだけ細かくなるように包丁でたたく（①）。フードプロセッサーにかけてもよい。
2 厚手の鍋に油を熱し、玉ねぎ、セロリ、にんにくのみじん切りを加えて中火で炒める。
3 玉ねぎが透き通ってきたらイカを加えて炒め（②）、トマト、赤唐辛子を加えて20〜25分加熱する（この間にp26のニョッキをつくる）。塩で味を調える。
4 ゆでたニョッキをからめ、あればイタリアンパセリをふる。

memo
魚介はタコでもエビでもツナでもいいです。ひき肉でもできますが（つまりミートソース）、冷めると脂がかたまります。

Ver.2

すいとん

ニョッキが豆腐入りだから栄養もあり1杯で十分満足

〈材料〉 4人分
好みの野菜2種類以上（玉ねぎ、にんじん、大根など）…400g
好みのきのこ…1パック
油揚げ…2枚
太白ごま油…大さじ2
海塩…小さじ1／2
昆布水（p87）…1ℓ
醤油、みりん…各大さじ3

1 野菜、きのこ、油揚げを食べやすい大きさに切る。
2 鍋に油を熱し、1の野菜ときのこを入れ、よく炒める。塩と昆布水を入れ、弱火にかける。沸騰したらアクを取る（この間にp26のニョッキをつくる）。
3 野菜がやわらかくなったら油揚げを加え、醤油、みりんを加えて味を調え、ゆでる前のニョッキを加えて3〜4分煮込む（①）。

白崎裕子さん×編集部

編 ニョッキって、本来は小麦粉とじゃがいもでつくるんですよね。

白 そうなんです。それはもちろんおいしいんですが、このニョッキなら食べたいときにすぐできるし、小麦アレルギーの人も安心して食べられます。米粉も豆腐も日本中どこにでもある素材だから、日本のパスタですね。

編 なぜ豆腐を使うんですか？

白 豆腐は固形なのでつなぎになりますし、食感がよくなります。米粉と水だけでまとめたものは、ひび割れてしまい、上手に成形できません。豆腐は木綿より、絹ごしのほうがなめらかに仕上がりますね。

編 小腹がすいたときにもよさそう。

白 お夜食にもぴったりですよ。ご飯が足りないときは、ショートパスタ代わりに味噌汁とかスープにポンポン放りこめば、ボリュームのある汁ものになります。

編 しこしこした食感のせいか、食べごたえもありますね。

白 きな粉と黒蜜をかければおやつにもなるし、ドライトマトとオリーブオイルと塩で和えればおつまみにもなるし、キムチの素とごま油なら韓国のトッポギみたいになりますよ。

地粉のパン

地粉は国産の小麦粉、うどん粉とも呼ばれています。
パンには向かないといわれますが、とんでもない！
こねずにできる平焼きパンにピタパン、ピザ、フォカッチャ、
オーブンいらずの揚げパン、蒸しパンとなんでもできます。
パンが手軽においしくつくれるのも地粉だからこそ、です。

こねずにパンができるんですか？

白崎裕子さん×編集部

編 パンといえば、難しいのが発酵ですね。40℃で45分発酵させるとか、手間も時間もかかるイメージがあります。

白 今回つくる平焼きパンやピタパンは発酵は1回のみ。冷蔵庫の野菜室で一晩おけばいいんです。時計も温度計も必要ありません。

編 冷蔵庫で発酵？

白 冷蔵庫の野菜室は約7℃。このぐらいの温度なら、時間はかかりますが、発酵はするんです。低温で長時間おくことで、生地の熟成もすすんで地粉の味も出ておいしくなります。地粉は輸入の強力粉と比べて吸水に時間がかかるので、そのためにも発酵には時間をかけます。それにこのタイプのパンの場合はよく冷やすと上手にできるのです。

編 どうしてですか？

白 よく冷えた生地を強火で焼くと、生地の中の空気の温度が急激に上がり膨張し、それでふっくらしたパンになるのです。

編 でも、普通、パンはグルテンの多い強力粉でつくっていますよね。地粉は中力タイプだから、パンには向かないのでは？

白 そんなことありません！ 市販のふわふわパンとは違う、地粉ならではのしみじみおいしいパンが焼けます。粉に味があるので、調味料は塩だけでいい。このパンは、和風のおかずもカレーもあんこもチョコも合います。

編 まさか、今回もp19のうどんのように、スーパーにパンを買いに行くより早いとか？（笑）

白 生地の仕込みは平焼きパンは5分、ピタパンは15分。焼くのはたったの2分。冷蔵庫で一晩おくのは寝ている時間としてカウントしなければそういえるかも（笑）。前の晩に生地を仕込めば、翌朝、焼きたてのパンが2分で食べられますよ。

編 生地をこねる時間がほとんどなさそうですが。

白 地粉のパンはあまりこねないほうがいいんです。1〜2分で十分。地粉はでんぷんの割合が多くて、こね過ぎるとベタベタしやすい。それで打ち粉をすると、どんどん粉の量が多くなってかたいパンになってしまいます。

編 でもしっかりこねないとグルテンはできませんよね？

白 その代わりに生地をラップや袋など狭いところに押し込んで冷蔵庫に入れるんです。生地が発酵して膨らもうとすると、それをポリ袋やラップが反発して押し戻す。膨らみたい、いやダメだという押し問答を冷蔵庫で一晩やっている。そうすると、生地をこねるのと同じ効果が出るのです。

編 なるほど、ご飯を炊くより簡単かも。さっそく試してみます。

準備するもの

ドライイースト：有機の天然パン酵母がおすすめ

まな板・ボウル・スケッパー・麺棒：生地づくりはこれだけ

鉄のフライパン：フッ素樹脂加工は空焼きできないので不向き

基本

平焼きパン

発酵は1回だけ、
焼くのは2分
オーブンも使いません

〈材料〉6枚分
地粉（国産の中力粉）…250g
インスタントドライイースト
…小さじ1/2（1.5g）
ぬるま湯…135㎖
（冬は少し高め、夏は低めにする）
海塩…小さじ2/3
地粉…適量（打ち粉用）
菜種サラダ油（またはオリーブオイル）
…適量

1 水を回す

地粉とイーストをボウルに入れ、ふわっとするまで1〜2分手でよく混ぜ、真ん中をくぼませる。ぬるま湯を一度に加え、手で素早く混ぜてなじませる。

ひとまとめにする。生地はまだモロモロの状態でよい。

2 こねる

塩を指先ですりつぶしながら高い位置からパラパラと生地に落とし、手のひらを使って約1分こねて、ひとまとめにする。表面がツルンとする。

3 分割

生地を丸め直し、スケッパーで6分割し、それぞれ丸める。

4 発酵

1つずつにラップをふんわりかけてから、密閉容器（またはポリ袋）に入れて、冷蔵庫の野菜室に一晩おく。

5 のばす

打ち粉をして手で平らにのばしてから、麺棒（または手）で厚さ約2㎜に薄くのばす。生地が温まらないように手早くする。

Point
表面が破れないようにのばすと、中で気泡が膨らみ、ふんわり焼けます。

6 焼く

フライパンを強火でしっかり熱し、油をひいて生地を入れる。プーッと気泡ができたらひっくり返し、反対側もこんがりするまで焼く。

Point
冷たい生地を強火で一気に焼き上げるのがコツで、火力が弱すぎると気泡が入りません。鉄のフライパンを使うと断然おいしく焼き上がります。

一晩おくと……

野菜室においた生地は容器いっぱいに膨らみます。

発酵前

発酵後

＼パンパン／

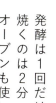

ピタパン

真ん中がプクッと膨らみ
甘いのもしょっぱいのも
何でもはさめます

〈材料〉8枚分
地粉（国産の中力粉）…250g
インスタントドライイースト
…小さじ1/2（1.5g）
ぬるま湯…135㎖
（夏は少し高め、冬は低めにする）
てんさい糖…小さじ2
菜種サラダ油（またはオリーブオイル）
…大さじ1
海塩…小さじ2/3
地粉…適量（打ち粉用）

1 水を回す

地粉とイーストをボウルに入れ、ふわっとするまで1～2分混ぜ、真ん中をくぼませる。ぬるま湯とてんさい糖を混ぜて加え、素早く混ぜてなじませる。

2 油を回す

油を入れて素早く手で混ぜ、生地をちぎって油を均等に行きわたらせる。

3 吸水させる

乾燥しないように生地にボウルをかぶせて、室温で約10分おく。ポリ袋に入れてもよい。

4 こねる

塩を指先ですりつぶしながら高い位置からパラパラと生地に落とし、手のひらを使って約2分こねて、ひとまとめにする。

5 発酵

生地をポリ袋に入れ、空気を抜き、袋の口をグルグルとねじり、しっかりしばる。冷蔵庫の野菜室に一晩おく。翌日、袋がパンパンに膨らめば発酵終了。

6 分割

生地は、袋をハサミなどで切って取り出して丸め、8分割してそれぞれ丸め直す。

7 のばす

打ち粉をして手で平らにのばしてから、表面を傷つけないよう、麺棒で縦長にのばす。真ん中から上へ下へ、一息にのばすとよく膨らむ。

8 焼く

250°Cに天板ごと温めたオーブンに入れる。生地を入れるとき、天板は乾いたタオルにのせて冷えないようにする。

約2分焼き、生地がぷっくり膨らんだら焼き上がり。

Point
焼き時間はオーブンの機種によるので目安。焼き加減は好みで。白いとしっとりした食感、香ばしいほうがよければ焼き色がつくまで少し焼きます。

失敗？ でも大丈夫

発酵し過ぎのピタパン生地は平焼きパンにします。次からイーストを減らすか、お湯の温度を下げます。一晩おいても発酵しないカチカチの生地はぬるま湯に袋ごと浸ければ膨らみます。次からイーストを増やすか、湯の温度を上げます。

左は発酵し過ぎた「べちゃこ」。真ん中はちょうどよく発酵した「ふっくらこ」。右は発酵不足のかたい「かちこ」。「べちゃこ」はピザにしても

応用

平焼きパンの野菜のソテーと豆のペースト添え

〈つくり方〉

平焼きパンにひよこ豆のペースト、玉ねぎのカレーピクルス、青菜のオリーブオイル和え*、さやいんげんのソテー、オリーブの輪切りなどを添え、こしょうをかける。

＊ゆでた青菜をオリーブオイル、塩、こしょうで和える。

ピタパンの野菜サンドとチョコクリームとバナナのサンド

〈つくり方〉

ピタパンは半分に切り、ひよこ豆のペースト、トマトの輪切り、ズッキーニのソテー、レタスなどをはさむ。豆乳チョコクリームとバナナの組み合わせも。

memo

地粉のパンは、きんぴらごぼうや青菜のごま和えなどのような和風のお惣菜ともよく合います。ほかに、ポテトサラダ、小豆あんもおすすめです。

イーストのこと

このパンは、ドライイーストが1.5gと、普段パンを焼いている方には少なく感じるかもしれませんが、少量でも低温で長時間おくことでちゃんと発酵するのです。イーストを増やせば短い時間で発酵しますが、それではこのパン本来の味わいが出ません。ここで使ったオーガニックの天然酵母「ゆうきぱんこうぼ」は低温に強く、長時間発酵させることで風味が増し、また地粉の熟成もすすみおいしくなるのです。

オーガニックのドライイーストが手に入らなければ、市販のドライイーストでも家でパンを焼いたほうがいいと思います。十分おいしくできます。ただ、私がオーガニックのものをすすめるのは味だけではなく、それ以外の理由もあります。一般のドライイーストは製造過程で化学薬品を使うため、排水が環境汚染のもとになることがあります。菌そのものは天然でも、オーガニックのイーストとはできるまでの過程が違うのです。

パンの友 これがあれば、地粉のパンの味がいっそう引き立ちます

豆乳チョコクリーム

植物性素材だけとは思えない
魅惑のチョコレート味

〈材料〉つくりやすい分量

A
- 地粉（または薄力粉・米粉など）…大さじ3
- 無糖ココア…大さじ2（12g）
- 菜種サラダ油…大さじ2

B
- てんさい糖…大さじ5
- 無調整豆乳…250g
- ピーナッツペースト*…小さじ1
- 塩…ひとつまみ

ラム酒…小さじ2と1/2

〈つくり方〉

1 Aを鍋に入れ、ダマが完全になくなり、なめらかになってツヤが出るまで、木べらでよく混ぜる。

2 Bを加えてよく混ぜ、中火にかけ、絶えずかき混ぜ、沸騰したら弱火にし、常にふつふつしている状態で3分煮て、火を止める。ラム酒を入れ、よく混ぜる。

＊原材料はピーナッツのみで砂糖や油が添加されていないもの。

玉ねぎのカレーピクルス

朝つくって昼には食べられる
お手軽なピクルス

〈材料〉つくりやすい分量

玉ねぎ…約300g（1と1/2個）
にんにく…1かけ

【調味液】
純米酢、水…各150㎖
てんさい糖…大さじ2
うす口醤油（または濃口醤油）…大さじ1
海塩…小さじ1
カレー粉…10g

〈つくり方〉

1 玉ねぎを薄切りにし、密閉できる保存瓶に入れる。

2 にんにくの皮をむいてナイフで1カ所切り込みを入れ、鍋に入れ、調味液の材料を加えて中火にかけ、沸騰したら弱火で5分煮る。

3 1に熱々の2を注ぎ、蓋をする。冷めたら完成。保存は冷蔵庫で約2カ月。煮沸した瓶ならさらに長く保存できる。

Point
熱々の調味料を入れることで早く漬かり、玉ねぎの辛さがやわらぎ、甘味が出ます。液は玉ねぎが完全に浸かるまで入れること。

ひよこ豆のペースト

濃厚な豆が地粉の味を引き立て
野菜との相性も抜群

〈材料〉つくりやすい分量

ひよこ豆（乾燥）…150g

A
- 玉ねぎ…1/2個
- オリーブオイル…大さじ3
- 白練りごま…小さじ2
- にんにく…1かけ
- レモン汁…大さじ1
- 海塩…小さじ1と1/2

仕上げ用オリーブオイル、黒こしょう…各適量

〈つくり方〉

1 ひよこ豆を水でサッと洗い、豆の約3倍量の水（分量外）に一晩浸けて戻す。

2 豆をザルにあげて水を切り、豆と新しい水（豆の3倍量・分量外）を鍋に入れて中火にかけ、沸騰したら弱火にし、豆がやわらかくなるまで、40〜50分ゆでる。ゆで汁はとっておく。

3 豆が熱いうちに豆とAをフードプロセッサーにかけ、なめらかになるまで撹拌する。2のゆで汁でやわらかさを調節し、味をみて塩（分量外）で調える。器に盛り、オリーブオイル、黒こしょうをかける。保存は冷蔵庫で2〜3日。

かんたん丸パン

かんたん丸パンのこと

Q このパンはどこが簡単なのでしょうか？

A まず、材料が少ないこと。特別なものを使いません。また、ほとんどこねる必要がないので、初心者でも失敗しません。

Q なぜ、ほとんどこねなくていいのですか？

A 強力粉でパンを焼く場合、生地をしっかりこねて粘りを出し、グルテンをつくることで、パンを膨らませますが、ここでは地粉、うどん粉を使うので、むしろこね過ぎないほうがいいのです。

Q うどん粉って何ですか？パンは強力粉でつくるのではないですか？

A うどん粉はうどんに使う国産の小麦粉で、農産物直売所やスーパーで売っている「地粉」です。分類でいうと、強力粉よりグルテンの少ない中力粉になります。「農林61号」やここで使用した「チクゴイズミ」など、昔から日本で栽培され、うどんやすいとんにして食べられてきた粉で、パンに使っても、地粉ならではのうま味とモチモチ感が楽しめます。地粉はこね過ぎると、少ないグルテンが傷ついてうまく膨らみません。なので、できるだけ手で直接こねないで、パン生地自体にこねてもらいます。

Q 生地自体にこねてもらうとはどういうことですか？

A 一次発酵のときに生地をポリ袋に押し込んで冷蔵庫に入れておくと、発酵した生地は袋が反発して膨らみたいのに膨らめない。圧力がかかったまま一晩おいておくことで、一生懸命こねなくてもプロがこねたのと同じようなきめの細かいグルテンができ、ふわふわのパンができるんです。

Q オーブンを持っていませんが、パンはつくれますか？

A フライパンで焼く、蒸し器で蒸す、中華鍋で揚げることでもパンはできます。一つの生地を覚えれば、道具を変えることで、それぞれ違ったパンが楽しめます。

Q 生地は仕込んだらすぐに焼かないとダメですか？

A そのまま放置しておくと、発酵過多で色も味も悪くなり、膨らまなくなってしまいます。すぐに焼けないときは、生地を一度袋から取り出し丸め直して袋に戻し、冷蔵庫の中で一番温度が低くなる場所に入れておいてください。1日1回は丸め直して冷蔵庫に入れておけば3日はもちます。蒸しパンの生地は、冷蔵庫に入れてから蒸すと茶色くしわしわになってしまうので、すぐに使いましょう。

パンづくりのスケジュール

【前日夜】

1 水回し・油入れ

2 こねる

3 一次発酵（約8時間）

【当日朝】

4 分割・丸め・ベンチ

5 ガス抜き・成形

6 二次発酵

7 焼く

※「オーブンを使う丸パン」を焼くときのおおまかな流れです。

基本の生地をつくる

基本の生地さえマスターすれば、
焼く道具を変えることで見た目も食感も違う
4つの丸パンが簡単につくれます

〈材料〉6個分

- A
  - 地粉（国産の中力粉）…200g
  - インスタントドライイースト …小さじ1/2（1.5g）
- ぬるま湯…110g
  （冬は少し高め、夏は低めにする）
- メープルシロップ（または蜂蜜） …大さじ1
- 菜種サラダ油（または太白ごま油） …大さじ1
- 海塩…小さじ2/3

1 水回し・油入れ

ボウルにAを入れてヘラでさっとかき混ぜ、真ん中に穴をあける。メープルシロップとぬるま湯を入れ、ヘラでしっかりと混ぜる。油を加えて、手で全体になじませたらラップなどをして10分休ませる。

メープルシロップとぬるま湯を入れたら、粉気がなくなるまで混ぜる

油を入れたら、油浮きがなくなるまで生地を手でちぎってなじませる

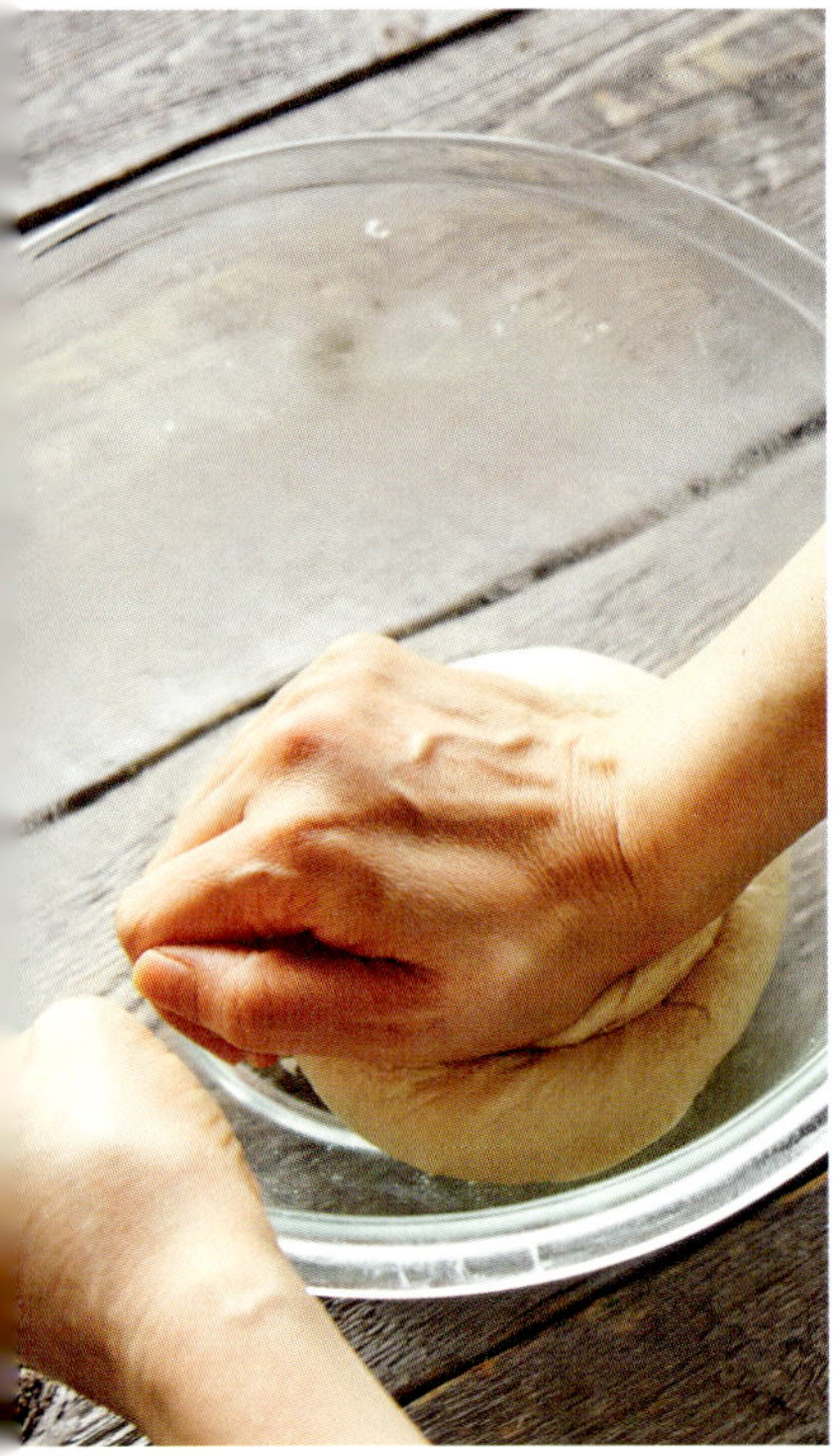

2 こねる

指先で塩をすりつぶしながら入れる。生地の端を真ん中に集めるようにして2〜3分こね、ラップをして10分休ませる（冬は暖かい場所で）。次に手の付け根を使って1〜2分、しっかりとこね、丸める。

最初は生地の端を引っ張り、真ん中に集めるようにしてこねる。これを2〜3分

こねあがって丸めた状態。表面がつるんとして張っている

3 一次発酵

生地をポリ袋に入れ、空気を抜いて袋の口をぐるぐるとねじり、生地から2cmくらい上できつくしばる。冷蔵庫の野菜室に入れ、8時間以上発酵させる。

ポリ袋に油（分量外）を数滴入れてよくもんでから生地を入れると、発酵後の生地が取り出しやすくなる

左が発酵前、右が発酵後。袋がパンパンになるくらい発酵したら使える。生地がかたいのは発酵不足なので、生地を袋ごとぬるま湯に浸け、再度発酵させる

4 分割・丸め・ベンチ

生地を袋から取り出し、スケッパーで6分割する。それぞれを軽く丸めてボウルなどをかぶせて10分おく（冬は暖かい場所で）。

切り口を中に入れるようにするときれいに丸められる

台の上に生地をのせ、ボウルをかぶせておけばよい

5 ガス抜き・成形

生地がゆるんだら手のひらに生地をのせ、表面がピンと張るように引っ張りながら丸める。こうすることでガスが抜ける。表面の気泡は軽くたたいてつぶす。

成形後の生地。表面をきれいにしておくと口あたりがよくなる

オーブンを使う  丸パン

オーブンで焼く丸パンは
サラダや肉や魚のおかずにぴったり
粉の味がじわっと口に広がります

◎ *1* ～ *5* は基本の生地のつくり方（p40～41）を参照してください。

6 二次発酵

5 の生地を正方形に切ったオーブンシートの上に1つずつのせ、密閉容器かボウルをかぶせて暖かい場所で1.5倍ぐらいになるまでおく。

蓋をトレー代わりにして使うと便利

二次発酵の見極め

温度や湿度で二次発酵の時間は変わる。指に粉をつけて押し、指のあとが10秒ほどで戻ったらOK。あとがすぐに戻るのは発酵不足、戻らないのは発酵過多。過多のときはあきらめて焼く。

7 焼く

つやっと茶色く焼きたい場合は豆乳（分量外）を塗り、180°Cに温めたオーブンで15分、白くしたい場合は、米粉（分量外）をふって160°Cで焼く。

豆乳は二度塗りするときれいに仕上がる

こうやって食べています

平らに切ったパンに具をたっぷりはさんでバーガーサンドに。ピーナッツバターやジャムを塗ってもおいしいです。

フライパンを使う 直焼き丸パン

オーブンがなくても大丈夫！
外側はカリカリ、内側はふんわり
フライパンだからこそできる食感です

◎1～5は基本の生地のつくり方（p40～41）を参照してください。

6 二次発酵

弱火で20秒ほどフライパンを温める。火を消し、5の生地をオーブンシートの上にのせてフライパンに入れ、蓋をして30分ほどおく。

生地を入れる前に必ず火を消す

7 焼く

蓋をしたまま火をつけ、弱火で2分焼く。表面が張り、裏面に焼き色がついたら生地を返し、クッキングシートを取る。上下を返しながら、10分ほど焼く。外側をさわっても指のあとがつかなくなったら焼き上がり。

放っておくと膨らみが悪くなるので、底が焼き上がったら素早く返す

こうやって食べています

タラモサラタやひよこ豆のペースト（p37）がよく合います。甘栗をてんさい糖、小麦粉と一緒に生地に包んで焼くのもおすすめです。

 ◎蓋のできるフライパンなら、鉄、アルミなど、何を使っても大丈夫です。

中華鍋を使う  揚げ丸パン

きな粉とてんさい糖で甘くしてもよし
塩、こしょうでしょっぱくしてもよし
子どもも大人も喜ぶおやつになります

◎ *6*まではp42の丸パンと同じです。

7 生地をへこませる

*6*の生地を少し乾かして、表面の水分を飛ばす。手で真ん中を軽く押してへこませるようにする。

8 揚げる

中温（170～180℃）の油（分量外）に生地を入れ、両面にこんがりと焼き色がつくまで揚げる。きな粉など好みのものを入れた袋に、パンを入れてふる。何もまぶさずそのまま食べてもよい。

生地の閉じ口を下にして入れる

こうやって食べています

生地を細かく切って揚げたあと、塩、こしょうをまぶせばおつまみになります。ポテトサラダやカレーの具を包んで揚げてもおいしいです。

蒸し器を使う 蒸し丸パン

水と酵母の量を変えるだけ
3時間もあればできあがる
一番簡単な丸パンです

こうやって食べています

歯ごたえのあるオイリーなおかずがむっちりした生地とよく合います。きんぴらや青菜ときのこの中華炒めなどもおすすめです。

◎基本の生地との違いは水分とイーストの量だけ。2(p40)までの工程は同じです。

〈材料〉6個分

A
- 地粉(国産の中力粉)…200g
- インスタントドライイースト…小さじ2/3(2g)

ぬるま湯…100g
メープルシロップ…大さじ1
菜種サラダ油…大さじ1
海塩…小さじ2/3

3 一次発酵

2の生地をボウルに戻し、ラップをして室温で40～50分、1.3倍くらいになるまでおく(冬は暖かい場所で)。

4 分割・丸め・二次発酵

6分割して丸めた生地をオーブンシートにのせる。50℃くらいの湯を張った鍋の上に蒸籠をおき、その中に生地を入れて蓋をして20分ほどおく。

5 蒸す

生地が一回り大きくなったら一度蒸籠を下ろして鍋の湯を沸かし、蒸籠をのせて強火で15分蒸す。蒸し上がり後、すぐ蓋をとると生地がしぼむので、10分は蓋を開けない。

ピザとフォカッチャ

ポリ袋でもむだけで、子どもも大好きなふんわりパン、フォカッチャができます。途中で寄り道をすればピザも焼けちゃう、生地1つで、2品楽しめるレシピです。

Start!

パン生地の準備

〈材料〉つくりやすい分量

- A
  - 地粉（国産の中力粉）…200g
  - てんさい糖…小さじ2（7g）
  - インスタントドライイースト…小さじ2／3（2g）
- ぬるま湯…120g
- オリーブオイル…大さじ1
- 海塩…小さじ2／3（3g）

1 厚手のポリ袋に直接Aを量って入れ、空気をたっぷり入れて口をねじり、サーッと30回くらいふる（①）。粉に空気が入り、均等になる。

2 ぬるま湯を入れ、また空気をたっぷり入れてしっかり30回くらいふる。粉っぽさがなくなりポロポロのフレーク状になったら（②）オイルを入れる。

Point
2でふり過ぎると生地がひとかたまりになってオイルが入らないので、②の写真の右のようなポロポロの状態がベスト。左は逆にふり足りずに粉っぽい。もう少しがんばってふりましょう。

①

②

3 いすに座って両手でよくもむ（③）。ムラがなくなり、なめらかになったら10分休ませる。

Point
上手にもむコツはいすに座ること！ 立ったままだと慌てて生地を傷めます。テレビでも見ながら穏やかな気持ちでゆっくりと。サスペンスはダメですよ。手に力が入りますから。

4 手で塩をすりつぶしながら生地に入れ、生地に弾力が出るまで5分以上よくもむ。10分休ませ、袋の端にギュッと寄せる。

5 空気を抜いて袋の口をぐるぐるとねじってしばる（④）。布巾でキュッと包むとより圧力がかかる。冷蔵庫の野菜室で一晩寝かせる（一次発酵）。

③

④

翌日

一晩寝かせた生地をチェック！

上／パンパンに膨らんでいる。生地にそれだけ圧力がかかっているということ
右／ポリ袋から出した生地。この網目がグルテン

ピザ

〈材料〉ミニ2枚分
パン生地…1／3袋分
そら豆、ミニトマト…適量
青じそソース（左下参照）、豆乳チーズの素（左下参照）、オリーブオイル…適量

1 生地を袋から出して6分割し、軽く丸め、ボウルをかぶせて15分おく（①）。2つをピザに使い、残りはフォカッチャで使う。

memo
生地にかぶせるのは、ボウル、ラップ、ぬれ布巾、密閉保存容器など乾燥しなければなんでもいいです。

2 生地がゆるんだら、手で軽く押して平らにし、生地の上下1cm内側を持って上下にやさしく引っ張る（②）。持つ位置を少しずつずらしながら、生地をくるくる回して1周させ、薄くのばす。

1

2

3 生地の下側に両手を入れて左右に引っ張り（③）、さらに薄くのばす。オーブンシートの上におき、縁が少し高くなるように形を整える（④）。

4 青じそソースにそら豆と豆乳チーズの素、オリーブオイルにミニトマトと豆乳チーズの素をのせる。

5 天板ごと250℃に温めておいたオーブンで5分以上、こんがりするまで焼く。

Point
持っているオーブンの一番高い温度、上の段で焼きます。天板もよく温めて、温度が下がらないよう超特急で。

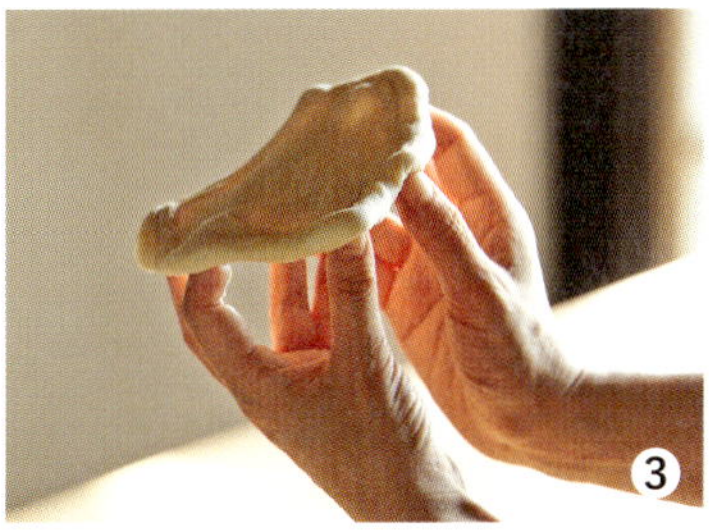
3

4

植物性の素材でつくる

パンの友 3種

豆乳チーズの素（写真右）

ポリ袋に豆乳ヨーグルト100g、白玉粉25g、オリーブオイル40g、てんさい糖小さじ1強、塩小さじ1弱を入れ、白玉粉の粒がなくなるまでよくもんで、10分以上おく。白玉粉が水分を吸って白っぽく固まったら完成。このままでは食べられないので必ず加熱して食べる。冷蔵庫で1〜2日保存可能。残ったらのばして冷凍し、ポキポキ折って使う。

青じそソース（写真左）

青じそ50g、オリーブオイル100g、にんにく1かけ、レモン汁小さじ1/2、白練りごま大さじ1、塩小さじ1、すべてをすり鉢でするか、フードプロセッサーにかけてなめらかにする。

ごまみそソース（写真奥）

オリーブオイル、味噌各50gに白すりごま大さじ1と1/2をよく混ぜる。

フォカッチャ

〈**材料**〉5個分
パン生地…2／3袋分（残り分すべて）
好みの野菜（アスパラガス、スナップえんどう、カリフラワー、パプリカなど）…適量（ゆでて切る）
ごまみそソース、青じそソース、豆乳チーズの素（p47参照）、オリーブオイル…適量

1 ピザの1で残った生地を使う。手で押して空気を抜き、麺棒で薄くのばす（①）。好みの形、大きさでよい。
2 生地はオーブンシートの上におき、薄くオリーブオイルをぬってラップなどをする。生地がふっくらするまで暖かい部屋におく（二次発酵）。
3 ごまみそソース、青じそソース、豆乳チーズの素など、好みのソースを塗り、野菜を生地に押し込む（②）。
4 220℃に温めたオーブンで10分以上、こんがりするまで焼く（③）。焼き上がったら野菜の上にもソースをかける。

\ アレンジメニュー /

豆乳チーズフォンデュ

豆乳チーズの素に豆乳か水を適量足して加熱し、好みのゆで野菜、フォカッチャをつけていただく。

memo
この生地をマスターしておけば、ほかにもいろいろなパンが焼けます。余ったら丸め直して袋に戻し、冷蔵庫に入れておけば、次の日まで保存できます。

1

2

3

具を用意したりのばしたりが
面倒くさい人はこれ

大きいフォカッチャ

1 1袋分の生地を手でたたいて空気をぬき、3つ折りにし、ボウルなどをふせて15分おく（①）。
2 生地がゆるんだら手で押して空気を抜き、四角く形を整える（②）。オーブンシートの上におき、薄くオリーブオイルを塗ってラップなどをし、暖かい部屋におく（二次発酵）。
3 指で穴をあけ（③）、オリーブオイルとハーブソルトをかけ、220℃に温めたオーブンで15～20分ほど焼く。

1

2

3

白崎裕子さん×編集部

編 最後にチーズフォンデュまで出てくるとは。ボリュームありました…。

白 でも、植物性の素材だけなのでそんなに重くないですよ。

編 確かにそうですね。材料もすごくシンプル。ハード系のパンもいいけれど、このパンなら家族みんなが食べられそう。

白 そうなんです。子どもが好きなふわふわのパンって、市販のものだと材料が気になるけれど、自分でつくれば安心。このレシピなら子どもでも生地がつくれます。

編 p33で教わった平焼きパンもこねないパンですが、進化しています。袋に入れてふってもむだけ。これだけでグルテンってできるんですね。

白 生地は袋で密閉されているので、乾燥しにくく清潔につくれます。袋がやぶけないくらいの力でゆっくりしっかりもむと、いい生地ができるんです。

編 なるほど〜。

白 春なら冷蔵庫で2日はもつので、好きなときに焼けます。フライパンで蓋をして弱火で上下ゆっくり焼いてもおいしいフォカッチャが焼けますよ。これをサンドイッチにすると…。

編 まだ、続くんですね…。

手づくりの調味料

スーパーにはさまざまな複合調味料が並んでいます。
麻婆豆腐もカレーもサラダも簡単に味は決まります。
でも、手づくりすれば添加物も入らないし、ゴミも出ません。
伝統的な製法でできた塩、酢、油、醤油なら、
混ぜるだけで、おいしくて安全な調味料がつくれるのです。

ケチャップやマヨネーズってつくれるんですか？

白崎裕子さん×編集部

編 ケチャップやソースをつくるとなると香辛料がいろいろいりますよね。

白 このケチャップはシナモンパウダーとローリエだけ、ソースは七味唐辛子だけですよ。

編 あれ？ 確かにうちにあるものばかりです。でも、七味唐辛子でいいんですか？

白 七味唐辛子って日本のハーブ&スパイスミックスなんですよ。唐辛子、山椒、しょうが、ミカンの皮も入っている。それが味をちゃんと複雑にしてくれます。わざわざ、唐辛子の輪切りとかしょうがのせん切りとか用意しなくてもいいですし。

編 なるほど、七味も使いようですね。マヨネーズをつくったことはありますが、トロトロで、市販のもののように固くできなくて…。

白 この豆乳マヨネーズなら大丈夫！ しかも卵は使いません。だからといって白和えの衣のような豆腐マヨネーズとも違いますよ。しっかり固まってサンドイッチにも使えるし、味もビシッと決まります。

編 どうして固まるんですか？

白 豆乳と菜種油を乳化させるんです。乳化というのは油と液体が混じり合うことで、これがしっかり保たれていると市販のマヨネーズのように固くなります。市販のものは酢と油の乳化を卵黄の脂質の一種、レシチンが保ち、豆乳マヨネーズは大豆のレシチンがその役割を担っています。あとは、ハンドブレンダーでしっかり混ぜることで固くできます。

編 調味料って買うものだと思っていました。

白 塩やお酢や醤油のようなベースになる調味料は私も買います。ただし、買うならきちんと発酵したもの、伝統的な製法のもの、本物を選びたい。いい調味料を使えば、混ぜるだけでおいしいんです。

編 今回紹介していただく調味料もそうなんですか？

白 ケチャップとソースは多少、火にかけますが、マヨネーズは本当に混ぜるだけ。添加物も入らないし、ゴミが出ないし、経済的。それに、自分でつくれば自分で味が決められるんです。スーパーに並んでいるのは味が決められちゃったもの。だから、ケチャップやマヨネーズ、○○の素やドレッシングを買うということは、自分の好きな味に決める自由を手放していることなんです！

編 おお、私は自由を手放してしまっているのか！（笑）まずはいい塩を手に入れて手づくり調味料、チャレンジしてみます。

準備するもの

ハンドブレンダー
鍋や瓶に材料を入れたまま、素材を混ぜたり、つぶしたり、泡立てたりできる

基本

豆乳マヨネーズ

クリーミーだけど
しつこさはまったくなく
酸味もうま味もしっかり

〈**材料**〉約1カップ分
菜種サラダ油…100g
無調整豆乳…50g
梅酢*…小さじ2と1／2
てんさい糖…小さじ2
粒マスタード…小さじ2
*梅酢のない場合は米酢同量で代用し、海塩小さじ1／2を加える。

1 油と豆乳を瓶に入れて蓋をしてよく振る(①)。この状態で冷蔵庫に入れて冷やすと、さらに乳化しやすくなる。

2 ハンドブレンダーで攪拌する(②)。ブレンダーを底に押し付けたまましばらく攪拌し、ゆっくりと引き上げていくと、しっかりとかたく乳化させることができる(③)。

3 その他の材料を入れ、よく混ぜる(④)。冷蔵庫で2週間保存可能。

◎冷やすとさらにかたくなる。
◎ブレンダーを使わない場合、瓶に全材料を入れ、蓋をしてしっかりふればドレッシング状になる。

よく振った状態

乳化した状態

できあがり

蜂蜜ケチャップ

みんなの大好きなトマト味
オムレツにもパスタにも
どんどん使えます

〈材料〉約1カップ分
トマトの水煮…1缶（400g）
玉ねぎ…1／2個（すりおろす）
梅酢*…大さじ1と1／3
海塩…ふたつまみ
こしょう…適量
シナモンパウダー…ひとつまみ
ローリエ…1／3枚（切手の半分大）
蜂蜜…大さじ2
*梅酢のない場合は米酢同量で代用し、海塩を小さじ1に増やす。

1 トマトの水煮は手でつぶしておく。写真①はトマトをつぶした状態。

2 蜂蜜以外の材料を鍋に入れてよく混ぜ、中火にかける（②）。あればクローブを少々入れると、よりケチャップらしくなる。

3 沸騰したら中火のまま蓋をせずに20～25分加熱し、写真③のような状態になるまで水分を飛ばす。焦げないようときどきかき混ぜること。

4 火を止めてローリエを取り出し、蜂蜜を加えて混ぜ、ひと煮立ちさせる（④）。蜂蜜が入るとツヤが出る。冷蔵庫で1カ月保存可能。

◎一晩おくと味が丸くなる。

七味ソース

普通のソースと同様
コロッケやフライによく合う
スパイシーな日本のソース

〈材料〉約1カップ分
てんさい糖…大さじ1
水…小さじ1
100%りんごジュース…150㎖
A ┌蜂蜜ケチャップ（p53）…100㎖
　└醤油…大さじ3
七味唐辛子…少々

1 小鍋にてんさい糖と水を入れて混ぜ、中火にかける（①）。

2 周りから焦げて色づいてきたら鍋を回し、写真②のように全体に焦げが回るようにする。焦がし足りないと糖分が残って甘ったるいソースになる。

3 火を止めてりんごジュースを入れる（③）。鍋底にカラメルが固まってもOK。

4 Aを加えて混ぜ（④）、ひと煮立ちさせ、カラメルをよく溶かす。火を止めて七味唐辛子を入れる。冷蔵庫で1カ月保存可能。

◎そのままで中濃ソース、漉すとウスターソース風になる。

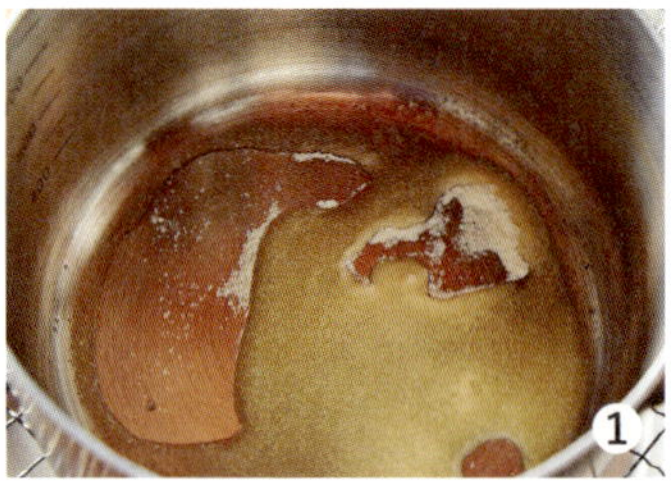

応用

洋食メニュー

調味料を手づくりしたら
食べたくなるのが定番の洋食メニュー
ソースもマヨネーズもたっぷりどうぞ

ひよこ豆のケチャップライス

蜂蜜ケチャップを使って

パラリとしたご飯にほくほくの豆
炒めたケチャップが香ばしい

〈材料〉 2〜3人分
ご飯…茶碗2杯分
ひよこ豆（ゆでたもの）…50g
玉ねぎ…1/2個
椎茸…1個
ピーマン…1個
菜種サラダ油…大さじ1と1/2
蜂蜜ケチャップ（p53）
…大さじ5〜6
醤油、海塩、こしょう…適量

〈つくり方〉
1　玉ねぎ、椎茸、ピーマンを粗みじん切りにする。
2　フライパンに油を熱し、玉ねぎ、椎茸、ピーマン、ひよこ豆の順に加えて炒め、醤油で下味をつける。ケチャップを加え（写真）、1〜2分炒めて水分を飛ばす。
3　最後にご飯を加え、強火で炒めて、パラリとほぐれてきれいな色になったら、味を見て、塩、こしょうで調える。好みでパセリのみじん切りを散らす。

ケチャップを炒めてからご飯を入れると
パラリと仕上がる

コーンクリームコロッケ

／七味ソースをつけて＼

クリーミーなやさしい味に
七味ソースがガツンときます

〈**材料**〉4～6人分（16個）
玉ねぎ（みじん切り）…200g
菜種サラダ油…50g
地粉（国産の中力粉、薄力粉でもよい）…50g
無調整豆乳…500g
海塩…小さじ1と1/2
白こしょう…適量
コーン（冷凍でもよい）…150g
地粉（または薄力粉）、パン粉、揚げ油…適量
七味ソース（p54）…適量

〈**つくり方**〉
1 フライパンに油を熱し、玉ねぎを入れ、透明感が出るまでよく炒め、地粉を加えてさらに炒める。
2 豆乳、塩、こしょうを入れてよく混ぜ、沸騰したら弱火で3分加熱する。好きな野菜（今回はコーン）を加えて混ぜる。
3 保存容器に移し、表面にラップをはりつけ（①）、粗熱を取り冷蔵庫で冷やす。
4 *3*を16等分して俵形にし、地粉、パン粉の順につけ、両手できゅっとにぎって形を整える（②）。
5 油を高温に熱し、*4*をキツネ色になるまでさっと揚げる。七味ソースをつけていただく。

◎油の温度が低いとコロッケがはじけてしまう。タネをよく冷やし、高温の油で短時間で揚げるのがコツ。

乾燥しないようにラップはぴったりはりつける。ここでよく冷やすのが大事

粉は薄く、パン粉はにぎるようにしっかりつける

大事な玉ねぎのしぼり汁

豆乳マヨネーズを使ったマカロニサラダは、今日は植物性の素材だけでつくっていますが、普通においしい味になっています。味のポイントは玉ねぎ。

皆さん経験があると思うのですが、家でポテトサラダやマカロニサラダをつくっても、スーパーなどで売っているお惣菜の味にならないですよね。手づくりのものと何が違うのかというと、市販の惣菜には半固体状ドレッシングという、マヨネーズもどきが使われることが多く、そこには、うま味調味料、増粘剤、酸味料などの添加物が合わさったものと、オニオンエキスなどが入っていて、そのうま味や甘味が、あの味をつくるのです。

サラダに加える玉ねぎは辛味を抜くために、刻んで塩もみしたり、水で洗い流したりすることがありますが、その捨てている汁が、じつはうま味や甘味の素となるのです。玉ねぎに強い塩をふると出てくるドロドロ液、これを熱いマカロニやじゃがいもに吸わせれば、玉ねぎの辛味は熱で飛んでしまい、豆乳マヨネーズの味と合わさって惣菜屋さんのあの、マカロニサラダ、ポテトサラダの味になるんです。

マカロニサラダ

豆乳マヨネーズを使って

玉ねぎのうま味もきいて
惣菜屋さんのようなおいしさ

〈材料〉 4〜6人分

マカロニ…150g
玉ねぎ…1/2個
海塩…小さじ1/2
てんさい糖…小さじ1
きゅうり…2本
にんじん…1/3本
A ┌ うす口醤油…小さじ1
　│ 米酢…大さじ1
　└ こしょう…適量
豆乳マヨネーズ（p52）…適量

〈つくり方〉

1　玉ねぎは繊維に直角に薄切りにして海塩とてんさい糖を混ぜ、水分が出るまでおいておく（①）。きゅうりは板ずり＊して薄切りに、にんじんはいちょう切りにする。

2　湯に対し1%の塩（分量外）を入れ、マカロニをゆでる。ゆであがる5分前ににんじんも入れ、一緒にゆでる。

3　湯を捨てる。1の玉ねぎをしぼり、汁を加え（②）、弱火に1分かけて水分を飛ばす。火を止めAで下味をつける。

4　玉ねぎ、マヨネーズを入れて味を調え、1のきゅうりを混ぜ合わせる。マヨネーズはたっぷり入れるとおいしい。

＊少量の塩をまぶし、まな板にすりつけながら転がす。

◎仕上がりに豆乳を少々入れると、よりクリーミーになる。

マカロニにしぼり汁に含まれる塩味とうま味が移り、加熱で玉ねぎの辛味も飛ぶ

玉ねぎはトロトロになるまで待ち、辛味、うま味を汁に出し切る

甘酒のたれ

夏の飲みものといわれる甘酒。
飲むだけじゃなくたれにも活用できます。
甘酒の甘味やとろみをいかした
夏にぴったりのたれです。

レモンだれ

レモンの風味がさわやかなサラダ用のたれ
とろみがあるので、野菜にうまくからみます

〈**材料**〉約200㎖分
レモン汁…大さじ4（レモン約2個分）
すったレモンの皮…小さじ1
甘酒（濃縮タイプ）…大さじ4
海塩…小さじ2
菜種サラダ油（または太白ごま油）…大さじ4
［保存期間］
冷蔵庫で2週間

1 レモン汁、皮、甘酒、塩をビンに入れ、スプーンで混ぜる。
2 油を加えてよく混ぜる。レモンのスライスを入れてもよい。

Point
油を加える前にほかの材料をしっかり混ぜておくと、分離せずうまく乳化します。

＼かけるだけ！／

おすすめの使い方

サラダを食べ終わると器の底にドレッシングが残ることがありますが、このたれだとほとんどありません。甘酒のとろみで、たれが野菜にうまくからんで落ちにくいのです。

タコのスライスや刺身にかければカルパッチョ。シラスと水菜のサラダ、ワカメにも合います。魚や海藻の磯くささも甘酒が消してくれるんです。蒸し野菜や冷製パスタにもよく合います。

ちぎったレタスにかけて。レモンの酸味と香りが夏のサラダにぴったりです

しょうがこしょう

分離してしまう青唐辛子としょうがを
甘酒がまとめ、辛味をマイルドにします

〈**材料**〉約120㎖分
しょうが…50g（約3かけ分）
青唐辛子…12〜13本（正味25g）
甘酒（濃縮タイプ）…25g
海塩…大さじ1
［保存期間］
冷蔵庫で2カ月

1 青唐辛子を縦に2つに切り、包丁の背で種をこそげとる。

2 すべての材料をフードプロセッサーにかけて攪拌する。すぐに使えるが、冷蔵庫で3日ほど寝かせると味がなじむ。

point
フードプロセッサーがなければ、青唐辛子は包丁でみじん切り、しょうがはすりおろしてもいいです。

甘酒について

ここで紹介した3つのたれは、甘酒のとろみが大事なので、水気が少ない写真のような濃縮タイプが適しています。原材料表示を見て、酒粕や砂糖、酸味料などが入っていない、米と麹だけでつくられたものを選びましょう。

＼のせるだけ！／

おすすめの使い方

「こしょう」は青唐辛子のこと。汁気がないので、容器に入れて蓋を開けなければ冷蔵庫で半年はもちます。青唐辛子が出回る夏につくりおきしましょう。
柚子こしょう同様、焼き魚につけてもおいしいです。豆腐や野菜のように油分がない素材には、さらにオリーブオイルやごま油をかけるとコクが出ます。炒め物にプラスすると味がしまりますよ。

豆腐にのせてオリーブオイルをかけ、
表面にまんべんなくのばして食べます

万能だれ

材料を振って混ぜるだけ 味はまさに「〇バラ焼肉のたれ」

〈材料〉約400㎖分
甘酒（濃縮タイプ）…150g
醤油…200g
トマトピュレ…大さじ3（なければ酢大さじ1で代用）
にんにくのすりおろし…1かけ分
しょうがのすりおろし…にんにくと同量

◎玉ねぎ1／4個をすりおろして加えてもおいしい。ただし、日持ちは悪くなる。

［保存期間］
冷蔵庫で3週間

材料をすべて瓶に入れ、振り混ぜる。すぐに使えるが、冷蔵庫で2～3日ほど寝かせるとにんにくとしょうがの角がとれて味がなじむ。

かけるだけ！

焼いたオクラにかけて、満足感のある一品に

おすすめの使い方

ガツン！とくる味で、焼いた野菜にかけるとおいしい。炒め物にひとさじ入れると味がビシッと決まり、甘酒のとろみで冷えてもシャバシャバしないでツヤツヤ。たれに一味唐辛子と醤油を加えれば麻婆豆腐もつくれます。

瓶に、甘酒、醤油、トマトピュレそれぞれの量の目印をつけておけば、瓶に直接材料を入れて振るだけでつくれます。

白崎裕子さん×編集部

編 甘酒は、夏に飲むと体にいいといわれていますが、毎日は飽きちゃう。

白 夏に甘酒がいいというのも栄養不足していた昔の話。いくら体によくてもたくさん飲んだら太りますよね。だから、今回は飲むだけじゃない使い方を提案してみました。

編 たれに使うというのが目からウロコでした。

白 たれに甘味、まろやかさ、とろみがつくんです。とろみがあると油と水が分離しないで乳化したままだから、そのつど混ぜなくていい。市販のたれのとろみには、キサンタンガムのような増粘剤が使われていたりします。

編 甘酒を使えば、増粘剤は必要ないですね！

白 スプーンで混ぜたり、振ったりしなくていいので雑菌が入りにくく酸化もしにくい。日持ちもします。それに中華の場合、かたくり粉のとろみは冷めると流れてしまうけれど、甘酒のたれなら冷めても大丈夫。

編 どうしてですか？

白 甘酒のとろみは、おかゆのとろみなのであまり変化しないんですよ。このたれがあれば、夏の食事づくりも簡単。さあ、お昼ごはんにしましょう。

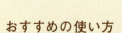

レモンだれの
ビーフンサラダ

〈**材料**〉4人分
ビーフン…50g（ゆでる）
きゅうり…2本（せん切り）
玉ねぎ…1/4個（薄切り）
青じそ…10枚（せん切り）
ツナ…1缶（70g）
レモンだれ…大さじ5〜6

〈**つくり方**〉
材料をレモンだれで和えて、こしょう（分量外）を振る。

ミニトマトの
しょうがこしょうのせ

〈**材料**〉
ミニトマト…適量
しょうがこしょう…適量
オリーブオイル…適量

〈**つくり方**〉
トマトは沸騰した湯に数秒入れて、すぐに冷水にとり皮をむく。器にのせたら、しょうがこしょうをトッピングしてオリーブオイルを全体にかける。

野菜と厚揚げの
万能だれ炒め

〈**材料**〉4人分
なす…2本（乱切り）
パプリカ…1/2個（角切り）
厚揚げ…1枚（角切り）
ごま油…適量
万能だれ…大さじ3〜4

〈**つくり方**〉
フライパンに油を熱し、なすを焼きつける。パプリカ、厚揚げを加えて火が通るまで炒める。万能だれを加えて、全体を混ぜ合わせて火を止める。

植物性素材でつくる カレールウ

手づくりのカレールウはストックもできて辛さも家族の好みにできるからとても便利。しかも植物性素材だけで十分においしいのです。

手づくりカレールウのすすめ

ルウを買ってくればカレーは簡単。でも、市販のルウでつくるカレーは胃がもたれたり、ルウに含まれる調味料や添加物が気になるという人もいるでしょう。だからといって、毎回スパイスからつくるのもちょっと大変という人に提案したいのが、この手づくりのカレールウです。

材料はほとんどが家の台所にあるものでできます。しかも植物性の素材だけでつくるので、動物性食品のアレルギーのある人にも安心。カレー粉の量で辛さも調節できるので、子ども向けにもでき、みんなが食べられるカレーになるのです。

疲れて料理をするのも億劫なときこそ、このルウの出番です。簡単だけど、おいしくてちゃんと体にいいものがつくれます。例えば鍋に水とルウを入れて煮立ったところに、ねぎと油揚げを入れる、これだけでも十分カレーになります。具も火が通るのに時間のかかるじゃがいもやにんじんじゃなくてもいいのです。それだけではありません。このカレーなら、洗い物も簡単。市販のルウのように、常温で固まる動物性脂肪やパーム油を使ってないので、お皿にカレーがべったりはりつかず、サッと汚れが落ちるんです。

冷蔵庫で2カ月は保存できるので、たくさんつくって、瓶に詰めたり1回分に小分けにしたりして。一人暮らしのお年寄りや友達へプレゼントしたら、きっと喜ばれます。

地粉のカレールウ

懐かしい日本のカレーライスの味
必要な分だけスプーンですくって
市販のルウと同じように使えます

〈材料〉12〜15皿分

A
- 地粉（国産の中力粉）…110g
- 菜種サラダ油…100g

海塩…35g

B
- 昆布粉末*…小さじ2（なくてもよい）
- カレー粉…35g（好みで増減する）
- てんさい糖…40g
- にんにく…2かけ（すりおろす）
- しょうが…にんにくの半量（すりおろす）
- トマトペースト…75g
- 醤油…30g

*なければ、カレーをつくる際、水ではなく昆布だしを使う。

1 火をかける前のフライパンにAを入れ木べらでよく混ぜて溶く。とろりとなめらかでツヤのある状態になったらOK（①）。

2 フライパンを中火にかけて混ぜる。重たかった木べらがサラッとして手ごたえがなくなり、うっすら茶色になるまで炒める（②）。

3 火は止め、海塩を混ぜたら、Bを材料の並び順に加えてそのつどよく混ぜる（③）。水分の少ない順に加えるとダマにならないので、塩、昆布、カレー粉…と前もって入れる順番に材料を並べておくとよい（④）。

4 再び中火にかけ、よく練りながら1〜2分加熱する。フライパンにあたった部分のルウが乾いて黄色っぽくなってきたら火を止める（⑤）。

5 熱いうちに容器に入れ（⑥）、粗熱を取り、冷蔵庫で3日以上寝かせる。寝かせるほど味が深くなりおいしくなる。冷蔵庫で2カ月保存可能。ルウ30〜35gに水200mℓがカレー1人分の目安。

Point
地粉と油は、火をかける前によく混ぜておくことで、ダマになりません。

ココナッツオイルのカレールウ

味は地粉のルウと似ていますが
材料はよりシンプルでつくり方も簡単
米粉でできるから小麦アレルギーの人にも

〈材料〉10～12皿分

- 米粉（または地粉）…60g
- カレー粉…30g（好みで増減する）
- A
  - てんさい糖…25g
  - 海塩…20g
  - 昆布粉末*…小さじ2（なくてもよい）
- ココナッツオイル（無香タイプ）…75g（湯煎で溶かしておく）
- 醤油…20g

*なければ、カレーをつくる際、水ではなく昆布だしを使う。

1 ボウルにAを入れてへらで全体を混ぜる（①）。

2 オイルを加えてなめらかになるまでよく混ぜる（②）。

3 醤油を加えてよく混ぜる（③）。米粉が醤油を吸ってすぐ固まるので手早くする。

4 ひとかたまりになったら、製氷皿やシリコン型に小分けして（④）、冷蔵庫で冷やし固める。冷蔵庫で2カ月保存可能。ルウ20～25gに水150mlがカレー1人分の目安。

Point

このルウはカチカチに固まるので、小分けしたほうが使いやすい。10～12等分してラップに包み、輪ゴムで留めてもよいです。

ジンジャーカレールウ

とろみのないサラサラタイプ
加熱しなくても溶けるので
エスニックな冷たい麺などにも使えます

〈材料〉10〜12皿分
しょうが…75g（薄切り）
菜種サラダ油…大さじ3（40g）
トマトの水煮…1缶（400g）
（手でよくつぶしておく）
A
カレー粉…30g
海塩…20g
醤油…15g
てんさい糖…25g

1 しょうがはポリ袋に入れ、麺棒で細かくなるまでたたく（①）。繊維をつぶすことでしょうがのエキスが出やすくなる。つぶしが足りないと辛味が残る。

2 鍋に油としょうがを入れ、中火にかけ、しょうががしわしわになるまで約15分じっくり加熱する（②）。多少の焦げはうま味になるが、焦がしすぎないように注意。

3 トマトの水煮を加える。沸騰したら弱火にして約15分加熱して水分を飛ばす（③）。ここで水分をしっかり飛ばすと保存性が増す。

4 Aを入れてよく混ぜ、ひと煮立ちしたら火を止める（④）。熱いうちに容器に入れ、粗熱を取って冷蔵庫に入れる。冷蔵庫で1カ月保存可能。ルウ35〜40gに水150mℓが1人分の目安。

ココナッツオイルを使う理由

以前、別の書籍で地粉のカレールウを紹介したとき、小麦アレルギーの子をもつお母さんから、米粉でもできないか相談がありました。地粉のルウは、小麦粉のグルテンの力でできる粘りや弾力で固めていますが、グルテンのない米粉では固まらないのです。

それで考えたのが、ココナッツオイルのルウです。ココナッツオイルは24℃を超えると液体になり、24℃以下だと固体になる特性があります。多くの植物油の凝固点は0℃以下で、常温では液体なのが普通です。ところが、ココナッツオイルは24℃が凝固点なので、グルテンのない米粉でも常温で固まるのです。溶かしたオイルに材料を混ぜ込み、24℃以下にして固めるだけの簡単なレシピです。

酸化しにくくトランス脂肪酸を含まないココナッツオイルは、さまざまな健康効果が注目されています。小麦アレルギーの人にはもちろん、みんなが食べられるカレールウなのです。

おばあちゃんのカレーライス

地粉のカレールウを使って

夏休みに田舎で食べたような懐かしい味のカレー

〈材料〉 4人分
玉ねぎ…2個
エリンギ…1パック
にんじん、じゃがいも
…合わせて300gくらい
厚揚げ…1枚
昆布水（または水）…4カップ
地粉のカレールウ（p63）…120～140g
菜種サラダ油…大さじ2
七分づきご飯…適量

【カレーの友】
夏の福神漬け（p70）…適量

〈つくり方〉
1 玉ねぎは薄切りにする。エリンギと厚揚げは食べやすく切り、にんじんは小さめ、じゃがいもは大きめの乱切りにする。
2 鍋に油を入れて中火にかけ、玉ねぎを飴色になるまでしっかりと炒め、にんじん、じゃがいも、エリンギの順に加えて、そのつどよく炒める。
3 昆布水と海塩ふたつまみ（分量外）を入れ、沸騰したらアクを取って弱火にし、蓋をして野菜が少しやわらかくなるまで20～30分加熱する。
4 ルウを入れてよく溶かし、厚揚げも加え、とろみがつくまで加熱する。

エビのフレッシュトマトカレー

ココナッツオイルのカレールウを使って

トマトの酸味がほどよくきいて暑い日に食べたくなります

〈材料〉4人分
玉ねぎ…2個（みじん切り）
にんにく…2かけ（みじん切り）
エビ…200g
A
トマト…3個（1㎝角に切る）
水…1カップ
ココナッツオイルのカレールウ（p64）…90g
菜種サラダ油（またはココナッツオイル）…大さじ2
ターメリックライス*…適量
好みで生野菜…適量

【カレーの友】
ひよこ豆のピクルス（p71）…適量

〈つくり方〉
1　エビは殻をむいて背開きにし、背わたを取る。むきエビでもよい。
2　鍋に油を入れ、エビをサッと焼いて取り出す。
3　2の鍋に、にんにく、玉ねぎを入れて炒め、透明感が出たらAを加え、よく混ぜてルウを溶かし、蓋をして弱火で10分加熱して火を止める。エビを戻してひと煮立ちさせる。ターメリックライスにかけ、ピクルスを添える。生野菜などを添えると彩りもよい。

＊溶かしたココナッツオイル大さじ2（なければ菜種サラダ油大さじ1）を、ターメリック小さじ1/4と海塩小さじ1/2に加えてダマがなくなるようよく混ぜ、炊き立ての熱いご飯2合に混ぜる。

冷やしカレーうどん

／ジンジャーカレールウを使って＼

カレーをたれのようにかけて具をたっぷりのせて食べたい

〈材料〉 2人分
うどん（乾麺）…160g
油揚げ…1枚
きゅうり…1本（輪切り）
好みで青ねぎの小口切り、レモンなど
　…適量
ジンジャーカレールウ（p65）…100g
A ┌ 昆布だし（または水）…1/2カップ
　│ 醤油…小さじ1と1/2
　└ 蜂蜜…小さじ1

〈つくり方〉
1　ジンジャーカレールウをAでのばしておく。油揚げは、フライパンで両面をサッと焼いて食べやすい大きさに切る。
2　鍋に湯を沸かし（分量外）、うどんをゆでて水にさらし、ザルにあげる。もちろん手打ち麺（p20）でもよい。
3　麺を器に盛り、カレーをかけ、具材をのせる。具材はその日冷蔵庫にある残り物でよい。

◎写真は、オクラとトマトの冷たいの（p71）をのせたもの。その場合、Aの代わりに漬け汁100gでルウをのばす。

なすのココナッツミルクカレー

／ジンジャーカレールウを使って＼

元気な夏野菜が主役のエスニックカレー

〈材料〉 4人分

玉ねぎ…1個
なす…2本
カラーピーマン（またはピーマン）…1個
たけのこ水煮…150g
しめじ…1パック（ほぐす）
A
- 水…150g
- ジンジャーカレールウ（p65）…150g
- ココナッツミルク…400g（1缶）

菜種サラダ油（またはココナッツオイル）…大さじ2
好みでパクチー…適量
七分づきご飯…適量

【カレーの友】
新玉ねぎの甘酢漬け（p71）…適量

〈つくり方〉

1　玉ねぎはみじん切りにし、なす、カラーピーマン、たけのこは食べやすく切る。なすは塩水（分量外）に10分ほどさらしてアクを抜く。

2　鍋に油を熱し、中火で玉ねぎをよく炒め、透明感が出たら、他の野菜としめじも入れて炒める。

3　Aを入れ、沸騰したら、アクを取って弱火にし、なすがやわらかくなるまで5～10分加熱する。甘酢漬けを添え、パクチーをのせる。

カレーの友

カレーの味を引き立ててくれる
つけあわせにぴったりな常備菜です

夏の福神漬け

夏野菜でさっとつくれる、カレーの定番つけあわせ

〈材料〉 つくりやすい分量

A
- きゅうり…2本
- なす…1本
- 大根…1/10本（100g）
- にんじん…1/4本

ごぼう…1/8本
しょうが…1かけ（20g）（せん切り）
昆布…適量（1cm角に切る）

B
- 醤油、みりん…各1/2カップ
- てんさい糖…大さじ2と1/2
- 米酢…大さじ1と2/3

〈つくり方〉

1 Aを小さく切り、濃いめ（5％くらい）の塩水（分量外）に30分以上浸け、よくしぼって保存容器に入れる。

2 ごぼうは薄切りにしてサッと水にさらし、水気を切る。

3 Bを煮立て、ごぼうを入れて2分加熱し、火を止めてしょうがと昆布を入れる。*1*の野菜にかけて、粗熱を取り、冷蔵庫で保存する。次の日から食べられる。刻んだ青じそや白ごまを混ぜてもおいしい。冷蔵庫で10日保存可能。

◎野菜は合わせて500gくらいあれば何でもよい。配合も好みで。
◎つくって何日かしたら、ザルにあげて漬け汁を別にし、煮立ててアクをすくってもう一度野菜にかけると、さらに福神漬けらしくなり、日持ちする。
◎余った液は煮立てて、出たアクをすくい、調味料を足せば、また漬け汁として使える。

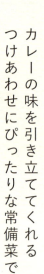

新玉ねぎの甘酢漬け

辛味のない新玉ねぎを
調味液に漬けるだけ

〈材料〉つくりやすい分量
新玉ねぎ…1個(200g)
A
- 米酢…1/4カップ
- 蜂蜜…大さじ1と1/2
- 海塩…小さじ1強(6g)

B
- 赤唐辛子…1本
- 昆布…適量

〈つくり方〉
1 玉ねぎを、らっきょうぐらいの大きさに切り、容器に入れ、Aをよく混ぜて上からかけ、Bも加える。
2 冷蔵庫に入れてときどき混ぜながら、一晩おけば完成。冷蔵庫で5日保存可能。

◎蓋がしまる容器や密閉袋などに入れると、途中ひっくり返せるので早く漬かる。
◎普通の玉ねぎでつくる場合は辛味があるので、Aをひと煮立ちさせ、熱いうちに玉ねぎにかけて辛味を飛ばす。

オクラとトマトの冷たいの

彩りもきれいな
夏野菜の冷たいおひたし

〈材料〉つくりやすい分量
オクラ…1袋
ミニトマト…1パック
A
- 昆布水…1カップ
- うす口醤油…大さじ2
- 酒…大さじ2

〈つくり方〉
1 Aを小鍋に入れて中火にかけ、沸騰したら弱火で2分加熱し、冷ましておく。
2 オクラはさっと湯がき、ミニトマトは皮を湯むきしてAに2〜3時間漬け、冷たく冷やす。

◎しょうがのすりおろしをのせてもおいしい。
◎そうめんなどに汁ごとのせてもよい。

ひよこ豆のピクルス

豆のコリコリ感が
カレーのアクセントになります

〈材料〉つくりやすい分量
ひよこ豆(乾燥)…200g
エリンギ…1パック(150g)

【ピクルス液】
米酢…1カップ
水…1/2カップ
てんさい糖…大さじ3
うす口醤油…大さじ2
海塩…小さじ1/2
にんにく…1かけ
ローリエ…1枚

〈つくり方〉
1 ひよこ豆は一晩水に浸けて戻し、水を替えて豆の3倍くらいの水で中火にかける。沸騰したら弱火にし、12〜15分ゆでる。エリンギはさいころ切りにする。
2 小鍋にピクルス液の材料をすべて入れて中火にかけ、沸騰したらエリンギを加えて弱火にし、5分間加熱する。
3 保存容器にひよこ豆を入れ、上からピクルス液を注ぐ。次の日から食べられる。

◎ひよこ豆のドライパック缶を使ってもできる。その場合は400g用意し、必ず熱々のピクルス液を注ぐこと。

料理教室「白崎茶会」で使っている調味料・油

伝統的な製法でつくられたよい調味料や油を使えば、それだけで料理は、ぐんとおいしくなります。値段がちょっと高くてもその価値があるのです。

塩・醤油・味噌

塩は海水100％の塩で伝統的な「天日・平釜製法」のもの。ミネラルが含まれています。醤油は遺伝子組み換えでない丸大豆と小麦と塩だけ、味噌は大豆と米麹、塩だけでつくられた本醸造で、アミノ酸や保存料、甘味料などの添加物が入っていないものを選びます。

①玄米みそ（はつゆき屋）②石垣の塩（石垣の塩）③正金 天然醸造うす口醤油（正金醤油）④丸大豆醤油（大徳醤油）

みりん・酒・酢

みりんはもち米と米麹と本格焼酎のみを原料にした本みりん、酒は米と米麹のみを原料にした純米酒、酢は米と水のみを原料にした純米酢で、糖類やアルコール添加のない伝統製法で醸造されたものを選びます。梅酢は梅干しの製造過程でできる酢で塩味、うま味がついており使いやすいです。

①三州三河みりん（角谷文治郎商店）②料理用自然酒（㈱片山）③老梅 有機純米酢（河原酢造）④有機梅酢 白・赤（ムソー）

甘味料

蜂蜜は香りを引き出し、冷やすと甘さを強く感じるので果物を使うデザートに。保湿効果があるのでクッキーには向きません。アカシアの蜂蜜はクセがなく万能です。メープルシロップは独特の風味とコクがあり、お菓子やパンにおすすめ。てんさい糖は砂糖大根が原料の未精製の砂糖で、粉末タイプが便利です。

①ミエリツィア イタリア産アカシアの有機ハチミツ（日仏貿易）②アレガニ 有機メープルシロップ（ミトク）③てんさい含蜜糖 粉末タイプ（陰陽洞）

油

非遺伝子組み換えの原料で、自然な製法の「圧搾しぼり」などの表記があるもの。薬品で抽出し高温処理した油はトランス脂肪酸が多く含まれています。オリーブオイルや②の焙煎ごま油は香りを生かす料理に、③④⑤の太白ごま油、菜種サラダ油、ココナッツオイル（無香タイプ）はくせがなくお菓子やパン、どんな料理にも使え、どれを使ってもよいです。

もっと詳しく サラダ油→p76
ココナッツオイル→p65

①ヌニュス・デ・プラド・エクストラバージンオリーブオイル（DHC）②圧搾一番搾り胡麻油（ムソー）③煎らずに絞った胡麻油（ムソー）④圧搾一番搾り国産なたねサラダ油（ムソー）⑤プレミアムココナッツオイル（ココウェル）

問い合わせ先 はつゆき屋 ☎0120-371-113／石垣の塩 ☎0980-83-8711／正金醤油 ☎0879-82-0625／大徳醤油 ☎079-663-4008／角谷文治郎商店 ☎0566-41-0748／㈱片山 ☎044-541-6336／河原酢造 ☎0120-703-275／ムソー ☎06-6945-5800／日仏貿易 ☎0120-003-092／ミトク ☎03-5444-6750／陰陽洞 ☎046-873-7137／ DHC ☎0120-333-906／ココウェル ☎0120-01-5572

おかずいろいろ

サクサクのかき揚げに、味のしみたおでん。
スーパーでもコンビニでも手軽に買えます。
でも、ちょっとしたコツを押さえれば、手づくりも簡単。
身近な素材でできて絶対おいしい
みんなが喜ぶからつくりたい、毎日のおかずです。

米粉でつくるかき揚げ

みんなが大好きな揚げものですが、お店のように上手に揚げられない人も多いのでは。でも、小麦粉ではなく米粉を使ったかき揚げは、グルテンがないので粘りが出ないから誰でもサクサクに揚げられます。

Ver.1

野菜のかき揚げ

低温の油でゆっくり揚げるとサクッと軽く仕上がります

〈材料〉4個分
玉ねぎ…1/2個
にんじん…1/4本
米粉（製菓用）…適量
菜種サラダ油（または太白ごま油、無臭タイプのココナッツオイル）…適量

【衣】
米粉（製菓用）…50g
水…50g
醤油…小さじ1弱（5g）
重曹…ひとつまみ

◎醤油と水を豆乳55gにおきかえてもつくれる。

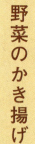

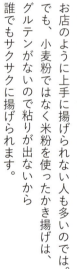

1 衣の材料を合わせ、ゴムべらでダマがなくなるまでよく混ぜる（①）。

2 玉ねぎはくし形に切り、にんじんはせん切りにする。

3 2をボウルに入れ、米粉を少量まぶし、野菜の水分を吸わせる。米粉の量は、野菜の表面の水気がなくなるぐらい（②）。

4 3の野菜を1の衣に入れて混ぜる。

5 油を中火で熱する。菜箸を入れ、箸の先からクリーミーで細かい泡が出てきたら（160℃くらい・③）、1／4量ずつ玉じゃくしでまとめた野菜を入れる（④）。

6 野菜がかたまってきたら上下を返し、徐々に温度を上げて、両面がこんがりと色づいたら引き上げる（⑤）。

①

②

③

④

⑤

Point
米粉はグルテンができないので、衣はいくら混ぜてもOK。つくりおきもできます。
低温の油からゆっくり揚げると、野菜の水分が飛んで軽く仕上がります。

米粉について

ここで使った米粉は上新粉よりもさらに細かい製菓用の米粉です。上新粉は粒子が粗く水に溶けないので、ザクザクとした食感になります。今回のようにかき揚げにはきめの細かい製菓用米粉がおすすめですが、白身魚などにはザクザクとした上新粉の衣も合います。米粉を購入する際は、グルテンや増粘剤が添加されていないものを選んでください。

オマケ

同じ衣でつくる
さつまいもの天ぷら

1 さつまいもは2～3㎝厚さに切り、2％塩分の塩水でやわらかくなるまでゆでる。塩水でゆでると、浸透圧でいもがしまって煮くずれない。

2 いもは水気を切り、全面に米粉を薄くまぶす（①）。

3 衣をつけて（②）中温（180°C）の油で、こんがり色づくまで揚げる。

◎さつまいもは火が通っているので中温で短時間揚げればよい。

①

②

外はカリッと香ばしく
いもが厚くて中はホクホク

Ver.2

納豆揚げ

まるでスナックのような おいしさ 納豆の粘りが衣の代わりに

〈材料〉4個分
納豆…2パック（約80g）
米粉（製菓用）…大さじ2〜適量
醤油…小さじ1
重曹…ひとつまみ
菜種サラダ油（または太白ごま油、無香タイプのココナッツオイル）…適量

◎好みで野菜を入れてもよい。青じそ、ねぎは好きなだけ、いんげん、コーン、玉ねぎなどは30gまで。野菜は納豆の粒と同じ大きさに切る。

1 納豆は糸がしっかり引くまでよく混ぜる（①）。

2 醤油を加えて混ぜ、米粉を加えてもったりするまでよく混ぜる（②）。野菜を入れるならここで加える。水を数滴混ぜるとなめらかになり、まとまる。

3 重曹を加えて混ぜる。

4 スプーンですくって低温（160℃）に熱した油に落とし（③）、徐々に温度を上げて、こんがり色づくまで揚げる。

Point
納豆の粘りが全体をまとめ、空気も入って食感がよくなります。醤油が入ると粘らないので、まずは納豆だけでしっかり混ぜましょう。

塩や醤油をつけて。
大根おろしやすだちも合います。

サラダ油について

「サラダ油」は、生食できるよう、低温でも分離しない精製度の高い油のこと。原料は菜種や大豆、コーンなどで、ブレンドされたものも多くあります。酸化を抑えるため薬品を使い、化学的に抽出・精製されたものがほとんどですが、選ぶなら今回使った「菜種サラダ油」がおすすめです。昔ながらの圧搾法でしぼり、油をお湯で何度も洗い、不純物を取り除いたもので、「圧搾搾り」「湯洗い」「非遺伝子組み換え」と表示されています。

白崎裕子さん×編集部

編　米粉の衣、いいですね。小麦粉の衣だと粘らせちゃダメだけど、それなりに混ぜておかないと揚げたときに衣が散るので悩ましいんです。

白　実は私は、地粉（中力粉）を使った、田舎風のポッテリしたかき揚げも好きなんです。でも、サクサク感がほしいときは米粉ですね。グルテンができないので、いくら混ぜてもいいし、前もってつくって放っておけます。

編　衣に入れる醤油は味つけ？

白　米粉だけだと風味を出すのが難しい。醤油がたんぱく質も補って、香ばしさ、揚げ色もつけて食べごたえが出るんです。醤油の代わりに豆乳でも代用できますよ。

編　低温からゆっくり揚げるというのも、慌てないですみます。

白　高温短時間で揚げると一瞬カリッとするんですが、素材の水分が抜け切ってないから時間がたつとフニャフニャしちゃう。低温から徐々に温度を上げることで、水分が抜けてカリッと仕上がるのです。

編　さつまいもの厚切りの天ぷらもおいしかったです。

白　焼きいもや、かぼちゃや里芋の煮物でつくってもおいしいですよ。

おでん

おでんに欠かせない練り物ですが、市販品は味も濃く添加物が入っているし、案外、お金がかかってしまいます。そこで紹介するのは、練り物からつくるおでん。ここから、いろいろな料理に広がります。

下準備

start!

〈材料〉4人分
大根…1／2本
にんじん…1本
こんにゃく…1枚（300g）
干し椎茸…8枚（水で戻す）
アサリ…200g（砂抜きする）
昆布…適量
タコ…適量
長ねぎの白い部分…2本分
じゃがいも（メークイン）…4個
がんもどき（次ページ）…4個
サバのつみれ（p80）…8個
純米酒、本みりん…各大さじ4
醤油…大さじ2
海塩…小さじ1と1／2

1 大根、にんじんの皮をむいて2cm厚さに切り、面取りをする。面取りした切れ端はがんもどきで使うので取っておく（①）。

Point
面取りすると煮くずれしにくくなります。野菜の切れ端はきんぴらにしてもいいです。

2 こんにゃくの表面に味がしみるようにギザギザの切り込みを入れる。箸や竹串でプスプス刺してもいい。側面に隠し包丁を入れる（②）。

3 椎茸の表面に十字の切り込みを入れる（③）。切れ端はがんもどきで使う。戻し汁はだしで使う。

4 沸騰した湯に大根を入れて20分ゆでる（④）。大根を出したら、同じ鍋でそのままこんにゃくをさっとゆがく。

5 鍋にアサリ、大根、にんじん、椎茸、昆布を入れ、椎茸の戻し汁と調味料を加え、かぶるくらいの水を加えて、ごく弱火でゆっくり時間をかけて沸かす。

6 大根がやわらかくなったらじゃがいもを加えて10分ほど加熱して火を止める。こんにゃくを入れて一晩おく。余熱で火が通り、冷めるときに味がしみる。

がんもどき

山芋はすり下ろさずポリ袋に入れて叩いてもむだけ

〈材料〉4個分
豆腐…1丁（300g）
山芋…80g（皮をむく）
野菜の切れ端（おでんの大根、にんじん、椎茸の切れ端）…適量
かたくり粉…25g
海塩…小さじ1／3
乾燥ワカメ…5g
揚げ油…適量

1 豆腐を布巾に入れてしぼって水を切る（①）。時間があれば、重石で押してもよい。300gが250g以下になればどちらでもよい。

2 ポリ袋に山芋を入れて、麺棒などでペンペン叩いて全体をまんべんなくつぶす（②）。

3 そこに*1*の豆腐、野菜の切れ端をちぎって入れる。

memo
野菜くずがなければ、にんじんを刻めばいいです。ごぼうや蓮根でもおいしいです。

4 かたくり粉、塩、乾燥ワカメを加えてよくもむ。水っぽいときは、干しエビ、切り干し大根を入れてもいい。袋に空気を入れてふって、中で生地がかたまるぐらいがちょうどよい（③）。

5 4等分にし、手に油（分量外）をぬって丸め、平たくする。

6 中温（180℃）の油でゆっくり揚げる（④）。揚げ立てをしょうが醤油をつけて食べる。だしをかけてもよい。

memo
家庭で使うポリ袋はがんもどき4個分をつくるのにちょうどよい大きさです。

おでんはもちろん、カリッフワッとした揚げ立てのがんもどきはしょうが醤油で食べても絶品です

サバのつみれ

サバ缶でつくる
インチキ練り物
ゆで汁も無駄なく使えます

〈材料〉12個分

サバの水煮缶…1缶（固形分140g）

山芋…50g（皮をむく）

A
- しょうがのすりおろし…15g（ひとかけ）分
- 味噌…大さじ1強
- 地粉（国産の中力粉）…30g

長ねぎの青い部分…適量（小口切り）

1 ザルなどにあけてサバ缶の水を切る。水は捨てない。

2 ポリ袋に山芋を入れて、麺棒などでペンペン叩いて全体をまんべんなくつぶす。

3 1の水を切ったサバ、Aを加えて、だんご状になるまでよくもむ。

4 ねぎを入れてもむ（①）。袋に空気を入れてふって、中で生地がかたまるぐらいがちょうどよい（②）。

5 スプーンで丸めて沸騰した湯に落とす（③）。1個を鍋に入れてみて、つみれが散らなければちょうどよいかたさ。散ってしまう場合は、地粉を足す。

6 つみれが浮いてきたら火が通っているので引き上げる。

①

②

③

サバ缶がいい仕事してくれます

カレーうどん

つみれのゆで汁に、取っておいたサバ缶の水を入れ、煮立ててアクをすくう。酒、みりん、醤油、カレー粉で調味し、ゆでうどんを入れて温めて、青ねぎの小口切りを散らす。

翌日

1 翌日、おでんの入った鍋を弱火で煮立てて、味をみて調える。食べる直前につみれ、がんもどき、長ねぎ、タコを入れて温める。好みでぎんなんも。

2 食卓に鍋ごと出すか、あるいは器に盛り、ゆず味噌、練り辛子を添えていただく。

Point
じゃがいもは味がついた汁に入れれば煮くずれません。ただ、男爵だとバーンとはじけてしまいます。

ゆず味噌

味噌とみりん各100g、てんさい糖50gを鍋に入れて混ぜる。弱火で煮立ててトロミがついたら、ゆず1個分の皮のすりおろしとゆず果汁を入れて酸味を飛ばす。

白崎裕子さん×編集部

編 やっとおでんにありつけました！大根がそれぞれの素材の味を吸っておいしいです。やはり野菜も面取りするとカッコいい。切れ端を捨てるのがもったいないと思っていましたが、がんもどきに使うなら躊躇《ちゅうちょ》なくやれます。

白 そうそう、野菜くずはみんながんもに入れちゃえばいいんです。きんぴらやひじきの煮物の残り、ぎんなんや枝豆を入れてもいいし。

編 でも、寄り道メニューのがんもどきやカレーうどんが魅力的すぎて、いつおでんにたどり着けるか心配でした。

白 まだまだ、続きますよ。ご飯を炊くときに、水とおでんのだしを半々入れて、しょうがのせん切り、きのこ、油揚げを入れれば、炊き込みご飯になります。

編 残っただしも使えるんですね。

白 もちろん！もし、汁が煮詰まったら、角切りの豆腐にコチュジャンとごま油を入れて煮て、仕上がりにニラのざく切りを入れれば、チゲ風です。地粉と刻みねぎを混ぜて焼けば、ねぎ焼き。うどんを入れてもおいしい。次の日、キャベツやトマト入れると様子が変わって…。

編 まだ、続くんですか！

ぬか漬け

夏になると今年こそはと意気込んでつくってはダメにしてしまうぬか床。ここでは、米ぬかと塩と水だけで気張らずにできるつくり方と継続のコツ、ぬか漬けを使った料理を紹介します。

start!

ぬか床をつくる

仕込みは乳酸発酵に最適な25℃がキープできる6月に

〈材料〉1・5ℓの容器
米ぬか（生ぬか）…500g
海塩*…50g（ぬかの10％重量）
水…500mℓ（ぬかと同重量）
*夏は塩が少ないと腐りやすいが、冬は少ないほうが発酵しやすいので、季節で加減する。

1 ボウルに米ぬか、かたまりをつぶした塩を入れ、塩がむらなく行きわたるよう手で混ぜる。

2 水を加えて混ぜ（①）、蓋つきの容器に入れる。冷蔵庫に入れやすい四角い容器がよい。

3 キャベツの芯や外葉などクセのない野菜で漬け始める。出すときはギュッとしぼって容器の中に水分を出す（②）。置き場所は気温25℃前後がベスト。30℃を超えたら発酵が進み過ぎるので冷蔵庫に入れる。

Point
1年目の夏はとにかく乳酸菌をおこして増やすのが大事。乳酸菌の抗菌作用で傷みにくくなるからです。最初の頃はただの塩漬けですが、野菜の水分が出ると発酵が始まり、どんどん酸っぱくなります。

1

2

4 一晩で漬かる（野菜の大きさや種類、気温による）。好みで何日かおいてもよい。漬かった野菜を出したら、ひと混ぜして、次の野菜を入れる。容器の周りに付いたぬかはかびるので、出した後はきれいにして（③）、表面は空気が入らないように平らにする（④）。ぬかが減ったら、米ぬかとぬかの10％の塩を混ぜて足す。ひと夏、ひと冬こせば傷みにくくなる。

Point
いい状態のぬか漬けは、夏場、蓋を押し上げるように膨らんでくることがあります。あまりにもブクブクし過ぎたら、塩を足していったん冷蔵庫に入れましょう。

3

4

ぬか漬けいろいろ

小松菜

生のまま漬ける。フレッシュならオリーブオイルをかけてサラダのように、古漬けは高菜漬けのようにごま油で炒め、醤油、みりんで味つける。ご飯に合う。

昆布

昆布水などでだしをとった後の昆布でよい。漬かったものはやわらかく味がついてとても食べやすい。刻んで炒め物や納豆に入れるとおいしい。

干し椎茸

汚れなどを布巾でふき、乾燥したまま漬ける。椎茸がぬか床の水を吸い、椎茸のうま味がぬか床に出る。加熱しなくても、薄切りにしてそのまま食べられる。

キャベツの芯

そのままだとかたいが、漬けるとやわらかくなり、食べやすい。ぬか床のつくり始めの頃は芯を漬けて取り出すときに、ギュッとしぼって水分と糖分を入れると、発酵が早く進む。

きゅうり、にんじん

洗ってへたを落として漬ける。薄切りにすると早く漬かる。水分が抜けて歯ごたえが出る。

じゃがいも

皮をむき、丸のまま、または薄切りにして漬ける。チーズのような風味で、ねっちりした独特の食感になる。そのまま食べたり、炒め物などに使ってもよい。

エリンギ

きのこはすぐに白っぽくなるが、ぬか床に入れれば日持ちする。切ってそのまま食べられる。塩気が少なければ炒め物に、酸っぱくなったらスープにする。

そのほかこんなものも…

青梗菜、さっとゆがいたブロッコリーやアスパラもよい。皮をむいた里芋は漬かると生でも食べられる。切り干し大根はたくあんのようになる。皮をむいたアボカドを半日漬けてもおいしい。ごぼうや山芋などのアクの強いもの、生の肉や魚はポリ袋などにぬかを入れて別に漬ける。

ぬかを洗い落とし、食べやすい大きさに切る。かつお節やすりごまをかけたり、漬かり加減によって醤油を少しつけてもおいしい。

漬け方のポイント

なすの場合

縦半分に切り、塩をまぶしてしばらくおいて水気をしぼる。こうするとアクが出て黒くならず、きれいな色に漬かる。

小松菜の場合

株のまま、1枚1枚の葉のすき間にぬかをはさんで、ぬか床に埋める。

ぬか漬けの料理

ぬか漬けじゃがいものガーリックソテー

じゃがいもの食感が面白く
炒めると焦げたチーズのように
香ばしくなります

〈材料〉2人分
ぬか漬けじゃがいも…2個
エリンギ…大1本
菜種サラダ油…大さじ1〜2
にんにく…2かけ
赤唐辛子…1本

1 いもは厚めの薄切りにする。漬かり加減を見て、好みでせん切りでもよい。エリンギは縦に薄切り。にんにくは2つ割りか薄切り。赤唐辛子はハサミで2つ割りにし、種を除く。

2 フライパンに油とにんにくを入れて弱火にかけ、香りが立ったら、赤唐辛子、いも、エリンギの順に入れて、いもに透明感が出るまで炒める。

エビとぬか漬けきゅうりの炒め物

漬けたきゅうりがうま味の素
じっくり焼いたエビと
炒め合わせます

〈材料〉2人分
エビ…200g
しょうがのすりおろし…小さじ1
海塩…小さじ1／4
かたくり粉…大さじ2
菜種サラダ油…大さじ2
長ねぎ…1／2本
ぬか漬けきゅうり…1本
醤油、こしょう…少々

1 長ねぎは斜め切り、きゅうりは食べやすい大きさに切る。しょっぱければ細かく切る。

2 エビは背ワタをとり、しょうが、塩をもみ込む。粘ってきたらかたくり粉をまぶす。

3 フライパンに油を熱し、エビを入れて弱火でじっくり両面焼きつける。焼いている間はいじらない。

4 エビはいったんとり出し、ねぎを入れて焼きつけ、きゅうりを加えて炒める。

5 エビを戻して炒め、味を見て、醤油、こしょうで調える。

古漬け椎茸の辛酸っぱいスープ

ぬか床の水と椎茸の
うま味がだしになり
酸味もきいています

〈材料〉2人分
昆布水（p87）…500㎖
ぬか床の水（なくてもよい）
…大さじ1〜2
絹ごし豆腐…1／2丁（サイコロに切る）
古漬け干し椎茸…3枚（薄切り）
ミニトマト…1パック（半割り）
にんにく…1かけ（みじん切り）
ごま油…大さじ1と1／2
長ねぎ…適量（小口切り）
本みりん、醤油、一味唐辛子…適量

1 鍋にごま油とにんにくを入れて弱火にかけ、香りが立ってきたら、椎茸を入れてよく炒める。

2 昆布水とぬか床の水を加えて沸騰したらアクをとり、みりん、醤油、一味唐辛子で味を調える。

3 豆腐とトマトを加えてひと煮立ちしたら火を止め、ねぎを散らす。

古漬け炒飯

塩味はぬか漬けとじゃこで十分
醤油は香りづけ程度に

〈材料〉2人分
古漬け大根、にんじん、小松菜…適量
にんにく…1かけ（みじん切り）
ご飯…茶碗2杯分
ちりめんじゃこ…ひとつかみ
菜種サラダ油…適量
こしょう、醤油…少々

1 大根とにんじんはみじん切りに、小松菜は小口切りにする。

2 フライパンに油とにんにくを入れて弱火にかけ、香りが立ってきたら、古漬けを入れてサッと炒め、ご飯を入れて弱火でパラパラになるまでじっくり炒める。

3 じゃこを入れて炒め、こしょうをふって味を見て、鍋肌に醤油を入れて味を調える。

ぬか床の水も活用

野菜から水分が出るので水っぽくなる。水は増えてきたらコップなどを沈めてためて、スープに使う。

白崎裕子さん×編集部

編 ぬか漬けって便利ですね。漬物として食べてももちろんおいしいんですが、料理にもこんなに使えるとは思いませんでした。

白 残った野菜やきのこはとにかくぬか床に入れちゃえばいいんです。うま味もある塩漬け野菜と思えば、いろいろな料理に使えます。味つけしなくてもいいですし。

編 ぬか床にたまった水まで使えるとはびっくりです。

白 ぬか床の水は酸味もうま味も塩も入った発酵調味料なんです。捨てるなんてもったいない。炒め物やパスタにも入れてみてください。

編 毎日手入れしなきゃと思うとなんだか負担でしたが、これならできそう。

白 冷蔵庫に入れておけば、発酵が抑えられるので、毎日出さなくても大丈夫。長く漬かったものは古漬けとして使えます。

編 じゃがいもをぬか漬けにするのも意外でした。

白 じゃがいもはなぜか乳酸菌が増えやすく発酵が進みます。漬けっぱなしにすると乳酸菌のエサになって溶けちゃいますが、それでいいんですよ。

編 さっそくやってみます！

焼きキャベツのスープ

焦げたキャベツや昆布がうま味の素
コンソメスープのような深い味わい

野菜のスープ

〈材料〉4人分

キャベツ…1/2個（芯をつけたまま8つにくし形に切る）
昆布水…1ℓ（冷蔵庫で冷やす）
海塩…小さじ2
菜種サラダ油…大さじ1と1/2
海塩、こしょう…適量
白みそ粉チーズ（p92）…適量

〈つくり方〉

1　フライパンに油を熱し、中火でキャベツをじっくりしつこく焦げ目がつくまで焼く。
2　1を鍋に移し、よく冷やした昆布水を注ぎ、塩を入れる。
3　蓋をしてごく弱火にかけ、沸騰してから約30分煮る。
4　キャベツがしんなりとしたら、味を見て、塩、こしょうで調える。器に盛り、好みで白みそ粉チーズをかける。

◎沸騰するまでの時間は30分以上かけ、できるだけ長くすることで、野菜のうま味を引き出す。
◎野菜はトマトや大根など、なんでもよい。
◎フライパンはできれば鉄のほうが、いい焦げ目がつく。

白湯《パイタン》スープ

野菜だけなのにコクと風味がしっかり
ラーメンを入れてもおいしい

〈材料〉2人分
乾燥きくらげ（または干し椎茸）…5g（水で戻し一口大に切る）
好みの野菜（白菜、青梗菜、にんじんなど）…約150g
にんにく…1/2かけ（すりおろす）
しょうが…スライス1枚（すりおろす）
菜種サラダ油…大さじ1
昆布水…300mℓ
海塩…小さじ1/2
A ┌白練りごま…小さじ2
　 │白味噌…大さじ2
　 └無調整豆乳…100mℓ
海塩、こしょう…適量

〈つくり方〉
1 白菜、青梗菜は大きめに切り、にんじんは薄切りにする。
2 フライパンを熱して、油、にんにく、しょうがを入れ、香りが立ったら、きくらげと野菜を加えて中火で炒める。
3 昆布水と塩を入れて弱火にし、沸騰したら、Aを上から順番に加え、沸騰直前で火を止める。味を見て塩、こしょうで調える。

◎干し椎茸を使う場合、戻し汁は捨てずに昆布水と合わせて使うとおいしい。
◎ラーメンを入れるときは、塩を増やして濃いめに味付ける。

昆布水

昆布の栄養とうま味が詰まった
和食以外にも使える万能なだし

〈材料〉1ℓ分
真昆布（または利尻昆布）…20g
水…1ℓ

昆布を保存瓶に入れ、水を注ぐ。冷蔵庫で一晩以上おき、水分のみ料理に使う。昆布を入れたまま冷蔵庫で3～4日保存可能。

◎少ない水でつくり、使うときに割ってもよい。
◎真昆布は肉厚で上品で甘味のあるだしが、利尻昆布は香りの高いだしがとれる。
◎昆布は加熱すると、うま味以外の成分が出てくるので、水に浸けてうま味だけ引き出す。
◎残った昆布は冷凍しておき、まとまったら佃煮やぬか漬けにするとよい。

きのこスープの素

きのこを炒めてうま味を凝縮
種類が多いほど味は深くなる

〈**材料**〉約400g分
しめじ、えのきだけ、エリンギなど
…合わせて450g（食べやすく切る）
菜種サラダ油…大さじ3
にんにく…3かけ（みじん切り）
A 海塩…大さじ1と1／2
　醤油…大さじ2
純米酒…大さじ4

1 フライパンに油とにんにくを入れ、ごく弱火にかける。香りと水分が出てきたら強火にし、きのこを3回に分けて加え、炒める。
2 全体にしんなりしてきたら、弱火にし、1／3量になるまで約10分じっくりと炒める。
3 Aを加え、さらに炒めて水分を飛ばす。
4 熱いうちに保存瓶に入れ、粗熱が取れたら冷蔵庫に入れる。約1カ月保存可能。煮沸した瓶なら2カ月以上保存可能。
◎冷蔵庫で寝かせるほどうま味が増す。3日後ぐらいからおいしくなる。

豆腐と青菜の中華スープ

豆腐や青菜、おなじみの素材が
きのことごま油で本格中華の味に

〈**材料**〉2人分
きのこスープの素…大さじ4
水…400㎖
小松菜…1株（30g）（2㎝幅に切る）
絹ごし豆腐…1/2丁（150g）
　（2㎝角に切る）
醤油、こしょう…適量
青ねぎ、白すりごま、ごま油…適量

〈**つくり方**〉
1 きのこスープの素と水を鍋に入れ、弱火にかける。
2 1が沸騰したら、小松菜、豆腐の順に入れて温め、味を見て醤油、こしょうで調える。
3 器によそって、好みで青ねぎ、すりごま、ごま油を散らす。
◎スープに添えているのは、中華蒸しパンの花巻。一緒に食べるとおいしい。

きのこ ミネストローネ

トマトの酸味やきのこのうま味を
チーズや唐辛子の風味がさらに深める

〈材料〉 2～3人分
きのこスープの素…大さじ4
水…300㎖
トマトの水煮(缶)…200g(手でつぶす)
好みの野菜(にんじん、じゃがいも、白菜、玉ねぎなど)…約250g(1㎝角に切る)
菜種サラダ油…小さじ1と1/2
海塩、こしょう…適量
タバ酢コ、白みそ粉チーズ(ともにp92)、バジル…適量

〈つくり方〉
1 鍋に油を熱し、野菜を入れて、中火で透明感が出るまでじっくりと炒める。
2 水、トマトの水煮、きのこスープの素を加え、蓋をして弱火にかけ、沸騰したらアクを取る。野菜がやわらかくなるまで加熱し、味を見て塩、こしょうで調える。
3 器によそい、好みでタバ酢コ、白みそ粉チーズ、刻んだバジルをかける。

地粉のホワイトルウ

牛乳やバターが入らない
植物性クリームシチューの素
グラタンやドリアにも使えます

〈材料〉約300g分
地粉（国産の中力粉）…100g
菜種サラダ油…80g
A
白こしょう…小さじ1/2
昆布粉末…小さじ1
海塩…24g
にんにく…2かけ（すりおろし）
メープルシロップ…大さじ2

1 フライパンに地粉と油を入れ、よくかき混ぜる。ダマがなくなったら、ごく弱火にかけ、色がつかないように炒める。細かい泡が全体に立ったら火を止める。
2 Aを右から順に加え、再び弱火にかけ、全体に泡立ったら火を止める。一呼吸おいてメープルシロップを混ぜて完成。
3 熱いうちに保存瓶に入れ、粗熱が取れたら冷蔵庫に入れる。約1カ月保存可能。

かぶとエリンギのクリームスープ

地粉でつくるホワイトルウが
こっくりやさしい味に仕上げる

〈材料〉2人分
かぶ…2個（皮をむいて8等分）
エリンギ…1本
（食べやすい大きさに切る）
水…300㎖
地粉のホワイトルウ…40g
無調整豆乳…160㎖
白みそ粉チーズ（p92）…適量

〈つくり方〉
1 かぶ、エリンギ、水を鍋に入れて弱火にかけ、沸騰したらアクを取り、蓋をして弱火で約5分、かぶが少しやわらかくなるまで煮る。
2 火を止めてルウを溶かし、再び弱火にかけ、約10分煮る。
3 豆乳を入れ、表面がフツフツしたら、火を止める。器に盛り、好みで白みそ粉チーズをかける。

カレーシチュー

ご飯にもコッペパンにも合う
給食カレーのような懐かしい味

〈材料〉4人分
玉ねぎ…2個(300g)(ごく薄切り)
好みの根菜…300g
　蓮根(薄切り)、にんじん(小さめの乱切り)、じゃがいも(大きめの乱切り)など
しめじ…1パック(ほぐす)
菜種サラダ油…大さじ1
地粉のホワイトルウ…80g
カレー粉…大さじ1
A ケチャップ…大さじ1
　醤油…小さじ2
　水…450mℓ
無調整豆乳…150mℓ
海塩…適量

〈つくり方〉
1　鍋に油を熱し、玉ねぎを飴色になるまでしっかりと炒める。蓮根、にんじん、じゃがいも、しめじの順に加えてそのつどよく炒め、カレー粉を入れてサッと炒める。
2　Aを加え、蓋をして弱火にかけ、沸騰したらアクを取り、再び蓋をして野菜が少しやわらかくなるまで約15分加熱する。
3　火を止めてルウを溶かし、とろみがつくまで約10分加熱する。豆乳を入れ、表面がフツフツしたら、味を見て塩で調える。

白みそ粉チーズ

アーモンドや白味噌、梅酢が組み合わさったチーズ味のスープの友

〈材料〉

アーモンドプードル…50g
白味噌、菜種サラダ油…10g
梅酢…5g
海塩…4g
ガーリックパウダー…少々

〈つくり方〉

1 すべての材料をボウルに入れてよく混ぜ、オーブンシートを敷いた天板に広げる。

2 100〜110℃に温めたオーブンで約25分焼く。焼き上がりがしっとりしているようならもう少し焼く。焦げないように注意する。

3 天板から取り出してフォークでほぐし、完全に冷めたら保存瓶に入れる。冷蔵庫で約1カ月保存可能。

タバ酢コ

辛味がきいたさっぱり酢がスープの味をピリリとしめる日本生まれの調味料

〈材料〉

一味唐辛子…5g
純米酢（または梅酢）…50g
海塩…5g（梅酢のときは不要）

〈つくり方〉

すべて保存瓶に入れ、塩が溶けるまで混ぜ、一晩おく。常温で半年以上保存可能。

料理教室「白崎茶会」で使っている食材

国産のもの、オーガニックのもの、添加物などの余計なものが入っていないもの。おいしくて安全な食材を選ぶ、目安の一つです。

地粉（国産の中力小麦粉）

国産の小麦粉、うどん粉とも呼ばれます。この本で使う小麦粉はすべて地粉で、輸入小麦粉とは違う特有の味わいがあります。タイプは中力粉。農産物直売所などでも販売されています。

もっと詳しく 地粉→p19、21、31

石臼挽き地粉（陰陽洞）

米粉・かたくり粉・くず粉

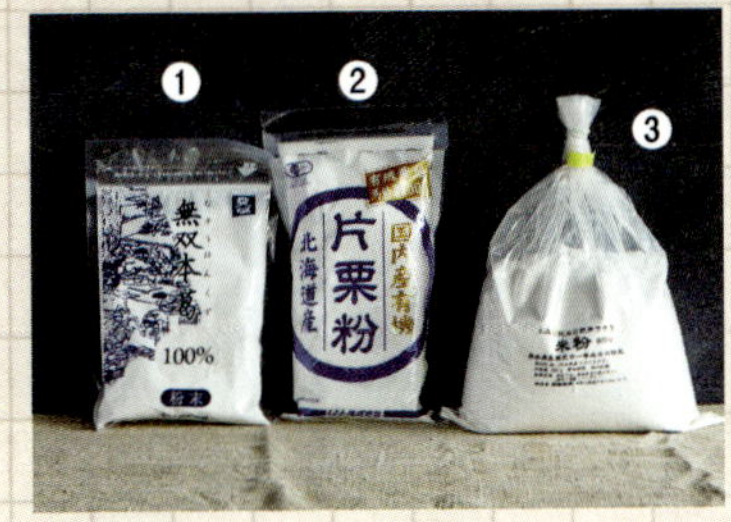

米粉はうるち米の粉で製菓用のもの。お菓子はふんわり、天ぷらはサクサクに仕上がります。かたくり粉はじゃがいもでんぷんでクッキーをサクサクにします。くず粉は葛100％のものを選びます。ゼリーにとろみをつけます。

もっと詳しく 米粉→p77、107

①無双本葛100％粉末（ムソー）②北海道産片栗粉（ムソー）③米粉（陰陽洞）

膨張剤

重曹は食品用で苦味が少ないものを。ベーキングパウダーはアルミフリーのものを選びます。②の酵母は低温長時間発酵で糖分の少ないパンにも向いています。

もっと詳しく 米粉→p75、109
ドライイースト→p36

①シリンゴル重曹（木曽路物産）②有機穀物で作った天然酵母・ゆうきぱんこうぼ（陰陽洞）③ラムフォードベーキングパウダー（テングナチュラルフーズ／アリサン）

豆乳・甘酒

豆乳は調味料など入っていない、原料が大豆と水だけの無調整で飲んでおいしいもの。甘酒はお菓子や料理に甘味ととろみをつけます。米と麹でつくった濃縮タイプ、粒がないものが使いやすいです。

もっと詳しく 甘酒→p59

①白米あま酒（マルクラ食品）②玄米あま酒（マルクラ食品）③有機豆乳 無調整（マルサンアイ）

昆布

植物性のうま味の素。成分はグルタミン酸。昆布粉末は化学調味料や砂糖などの添加のない天然昆布を粉末にしたものを選びます。昆布水には真昆布がクセがなくすっきりしておすすめです。

もっと詳しく 昆布→p87

①根昆布入り 昆布粉末（道南伝統食品協同組合）②真昆布（陰陽洞）

問い合わせ先 陰陽洞 ☎046-873-7137／ムソー ☎06-6945-5800／木曽路物産 ☎0573-26-1805／テングナチュラルフーズ アリサン ☎042-982-4811／マルクラ食品 ☎086-429-1551／マルサンアイ ☎0120-92-2503／道南伝統食品協同組合 ☎0138-25-5403

おやつ

きれいに缶に納まったクッキー。シロップたっぷりのケーキ。
卵やバターを使わないのに、サックリしっとりふんわり。
みんなに食べてもらいたくなるおやつです。

手づくりおやつの話

元気がないからこそ手づくりを

毎日の食事はちゃんとしているのに、おやつになると、市販の添加物たっぷりのアヤシイお菓子を食べてしまう人って多いですね。おやつが食べたいときって、ちょっとさびしかったり、元気がないとき。だからこそ、手づくりのちゃんとしたものを食べてほしい。でも、元気がないときにお菓子なんてつくれないって思いますよね。だから私は、買いに行くより簡単なお菓子！を目指しています。私のレシピは基本的に生地をつくってオーブンに入れるまでだいたい5分、最高で15分。これなら、コンビニに買いに行って帰ってくる時間に負けません（笑）。

みんなでおいしく食べられる

こういうお菓子づくりを始めたきっかけの一つは、昔、近所に住んでいたこうちゃん。卵や乳製品が食べられない食物アレルギーの男の子でした。当時、私はおからや豆乳のお菓子をつくって販売していたのですが、あるとき「豆乳のパンナコッタ」の張り紙を見てこうちゃんとお母さんがやってきた。ところが材料に生クリームが入っていると聞くと、こうちゃんはガッカリ。そのガッカリした姿が忘れられなくて。

当時は、まだ自然食のお菓子というと、ガリガリかモッチリしたものしかなく、普通のお菓子の食感とは違いました。そうすると、普通のお菓子を食べなれている子にはおいしくないから、アレルギーの子は友だちとおやつを分け合うこともできない。それなら、卵や乳製品を使わなくてもおいしい、こうちゃんも友だちもおいしいって食べてくれるお菓子をつくろう、と思ったんです。

最初は、洋菓子の材料の置き換えから始まったんですが、バターを植物油に代えればすむというものではないんですね。材料の配合も一から考えました。そんな中から、豆乳と油を混ぜた乳化、バナナの粘りが卵の代わりにふわふわ感を出してくれる、ということもわかってきました。

今回ご紹介するのはベースのレシピなので、この配合を基本にアレンジできます。卵や乳製品は使っていないので、アレルギーのある子もない子も、子どももお年寄りもみんなでおいしく食べられるおやつです。好きなように取り分けられるから、大人数でも少人数でも大丈夫。ぜひ、一度つくってみてください。

乳化とは？

水分と油が混じり合うこと。油が生地全体に混ざり、バターや卵を使わずにふんわりサックリにつくれる技です。泡立て器はボウルの底一点に押しつけるように動かし、泡立てないように、最初は小さな円、徐々に大きな円を描くように全体を混ぜます。

メープルシロップと菜種油がまだ分離した状態。粉がついたままの泡立て器を使うと、とろみがつきやすい

←

泡立て器に抵抗がなくなりさらっとし、白っぽくなってくる。写真のようなとろみになればよい

ごまクッキー

材料もつくり方もシンプルで簡単
ごまの香ばしさをしっかり楽しめます

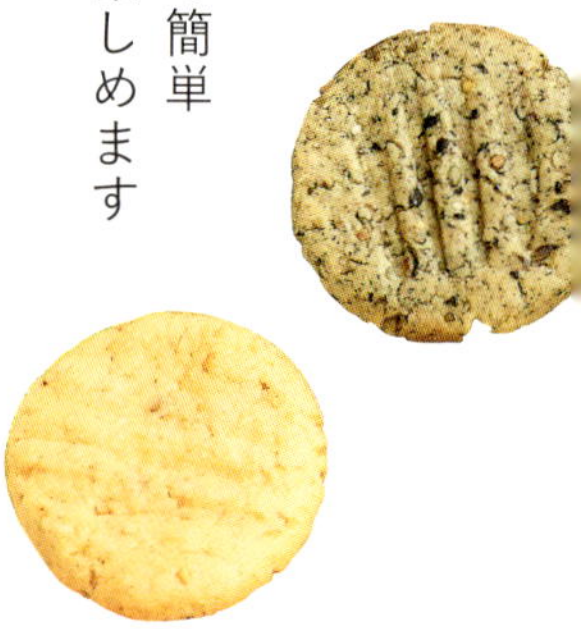

〈材料〉 20個分

A
- 地粉（国産の中力粉）…65g
- かたくり粉…15g
- すりごま（白でも黒でも可）…25g

B
- メープルシロップ…45g
- 菜種サラダ油…30g
- 海塩…ひとつまみ

◎薄力粉でつくるときは、地粉とかたくり粉をなくし、薄力粉80gに代える。

Point
生地はなるべく手でさわらないこと。油が出てきて焼き上がりがかたくなり、サクッとしません。

〈つくり方〉

1 ボウルにAを入れて、泡立て器でよくかき混ぜ、ダマを取る。
2 小さめのボウルにBを入れ、1の泡立て器でよく混ぜて乳化させる（①）。
3 2を1に入れゴムべらでひとまとめにする。
4 生地を20個に分けて、オーブンシートを敷いた天板にのせる（②）。手早く丸めたらフォークを押しつけて平たくする。
5 160℃に温めたオーブンで10分焼き、150℃に下げ、20分焼く。

生地はボウルの中でゴムべらを使い、20等分して天板に並べる。その後、手でさっと丸める

泡立てず円を描くようにかき混ぜるとトロリと濁り、水分と油が混ざった乳化の状態になる

ジャムサンドクッキー

ゼリー状のジャムとサクサクのクッキー
食べるとやめられないうれしい食感

〈材料〉 約30個分

A
- 地粉…75g
- かたくり粉…25g
- アーモンドプードル…20g

B
- メープルシロップ…50g
- 菜種サラダ油…30g
- 海塩…ひとつまみ

C
- 好みのジャム…100g
  （ここではいちご、ブルーベリー、りんごを使用）
- 粉寒天…小さじ1/4

◎薄力粉でつくるときは、地粉をなくし、かたくり粉を10gに減らして、薄力粉90gに代える。

〈つくり方〉

1 ボウルにAを入れ、泡立て器でよくかき混ぜ、ダマを取る。
2 小さめのボウルにBを入れ、1の泡立て器でよく混ぜて乳化させる。
3 2を1に加えて、ゴムべらでひとまとめにし、2枚のラップではさみ、麺棒で厚さ4㎜ほどにのばし、好みの型で抜く（①）。
4 抜いた生地をオーブンシートを敷いた天板にのせ、160℃に温めたオーブンで10分焼き、150℃に下げ、15分焼く。
5 小鍋にCを入れて、よく混ぜながら弱火にかけ、全体的にふつふつと泡が立つくらいまで煮立てて火を止め、冷めたクッキーにのせてはさむ（②）。

ジャムはほんのり温かい状態でクッキーにのせてはさみ、常温でおいて固める

上のラップは外して抜く。花の中心を抜くには、絞り袋の丸口金を使うとよい

ごまクッキー
ジャムサンドクッキー

ぶどうのタルト

タルトと生のフルーツ、豆乳カスタードクリームは彩りも味も絶妙な組み合わせです

〈材料〉18㎝のタルト型1台分

【ざくざくタルト】

A「地粉、全粒粉…各60g
　 てんさい糖…20g

B「海塩…ふたつまみ
　 菜種サラダ油…40g
　 ピーナッツペースト…10g

無調整豆乳…15〜20g（要調節）

【豆乳カスタードクリーム】

C「地粉、菜種サラダ油…各25g

D「無調整豆乳…250g
　 てんさい糖…45g
　 粉寒天…小さじ1/3
　 バニラビーンズ…1/2本
　 　（さやの中身をしごき出す）

ぶどう…好みのものを1パック

E「100％りんごジュース…80g
　 くず粉、粉寒天…各小さじ1/2

◎薄力粉でつくるときは、地粉をなくし、薄力粉60gに代える。豆乳カスタードクリームも同様に、25gに代える。

Point
カスタードは、最初に粉と油をダマがなくなるように完全に溶かしておくことで、なめらかに仕上がります。

〈つくり方〉

【ざくざくタルト】

1 ボウルにAを入れ、泡立て器でよくかき混ぜ、ダマを取る。

2 別のボウルにBを入れ、よく混ぜて乳化させ、1に少しずつ加えてかき混ぜ、ポロポロの状態にする（①）。粉っぽさがなくなったら豆乳を入れ、生地をまとめる。

3 2枚のラップで生地をはさみ、麺棒で厚さ4㎜ほどにのばし、タルト型に敷いて（②③）フォークで穴を開ける。

4 170℃に温めたオーブンに入れ、10分焼いたあと160℃に下げ20分焼く。粗熱を取り、型から外す。

【豆乳カスタードクリーム】

1 鍋にCを入れ、なめらかになるまで、木べらでよく混ぜる。

2 Dを加えてよく混ぜ、絶えずかき混ぜながら中火にかけ、沸騰したら弱火にし、3分加熱する。

【仕上げ】

1 クリームがほんのり温かいうちに4のタルトに詰め、ぶどうをのせる（④）。

2 小鍋にEを入れてよく混ぜ、中火にかけ、沸騰したら弱火にして2分加熱し、熱いうちにぶどうの表面にまんべんなく塗る。

生地を敷いた型の上を麺棒を転がして、余分な生地を落とす

豆乳を入れる前のポロポロの状態。粉っぽさが残っているとタルトが割れやすい

ぶどうは端からのせていく。半分に切ったものものせると見た目にも変化が出る

のした生地は上のラップを外し、下のラップごと持ち上げてひっくり返し、型にかぶせ、隙間ができないように手で敷く

紅茶のマドレーヌ

しっとりした食感はシロップのおかげ
紅茶とレモンの香りがパーッと広がります

〈材料〉マドレーヌ型6～8個分

A
- 地粉…50g
- かたくり粉…10g
- アーモンドプードル…15g
- 紅茶（アールグレイ）…ティーバッグ1袋（2g）
- ベーキングパウダー…小さじ3/4

B
- 無調整豆乳…60g
- てんさい糖…25g
- 海塩…ひとつまみ
- レモン汁…5g

菜種サラダ油…25g

C
- 蜂蜜…15g
- 水…10g
- レモン汁…5g

◎薄力粉でつくるときは、地粉とかたくり粉をなくし、薄力粉60gに代える。

〈つくり方〉

1 Aをボウルに入れて、泡立て器でよくかき混ぜ、ダマを取る。

2 別のボウルにBを入れ、てんさい糖が溶けるまでよく混ぜ、油を加えて乳化させる（①②）。

3 2に1を加えて、泡立て器でぐるぐるとなめらかになるまで混ぜる（③）。

4 スプーンで生地を型に入れ（④）、180℃に温めたオーブンで20分焼く。Cを混ぜ合わせて冷蔵庫で冷やしておく。

5 焼き上がったマドレーヌが熱いうちに、4の冷やしたシロップに1つずつ沈めてシロップを全体に浸み込ませる（⑤）。

◎シロップは余らせず、残ったらふりかける。

型の八分目ぐらいまで生地を流し入れる

液体と油と分離した状態。ボウルの底一点に押しつけるように動かし泡立てないように混ぜる。徐々に円を大きくしていく

焼き立てのカリカリのマドレーヌにしっかり冷やしたシロップを浸み込ませることで、しっとりした食感になる

乳化した状態。全体が濁って白っぽくなり、とろみが出てくる

ベーキングパウダーのアルカリとレモンの酸が反応し、生地を膨らませるための炭酸ガスが出始めるので、手早く混ぜる

point

とにかく、手早さが勝負。生地ができたらできるだけ早くオーブンへ。必ず熱いうちに冷たいシロップに浸けましょう。

ラム酒チョコケーキ

少量でも満足できる大人の味のケーキ
できたてより時間をおいたほうがより美味

〈材料〉20㎝×15㎝のホーロー容器 1個分

A
- 地粉…50g
- 無糖ココア…20g
- アーモンドプードル…30g
- ベーキングパウダー…小さじ1と1/3

絹ごし豆腐…100g
菜種サラダ油…40g

B
- レモン汁…10g
- てんさい糖…40g
- 海塩…少々

レーズン…30g

C
- ラム酒…20g
- メープルシロップ…20g

◎薄力粉でつくるときは、地粉をなくし、薄力粉50gに代える。

〈つくり方〉

1 ボウルにAを入れ、泡立て器でよくかき混ぜ、ダマを取る。

2 別のボウルに豆腐を入れ、泡立て器でペースト状になるまで混ぜ(①)、油を少しずつ加え、乳化させる。Bも加え、てんさい糖が溶けるまでよく混ぜる。

3 2に1を加え、泡立て器でツヤが出るまで、ぐるぐると素早く混ぜ、レーズンも加えて軽く混ぜる。オーブンシートを敷いたホーロー容器に流し込み、170°Cに温めたオーブンに入れ、25分焼く。

4 冷やしたCをケーキが熱いうちに表面にまんべんなくかけ(②)、そのまま冷ます。粗熱が取れたら蓋をして、冷蔵庫で2日以上寝かせる(3日後からが食べ頃)。

◎冬は常温、夏は冷蔵庫で2週間保存可能。

豆腐はペースト状になり、筋がつくぐらいまでよく混ぜる

ケーキが熱いうちに冷たいシロップをたっぷりかける

Point
豆腐をしっかりペースト状にすること、油を入れてさらにしっかり混ぜて乳化させることで、パサつきや油っぽさを防ぎます。

Point
ときどき、容器をひっくり返して寝かせると、シロップが全体に浸みわたっておいしくなります。

バナナとクルミのケーキ

たっぷりのバナナで生地はふんわりしっとり
よそゆき用のつやがけで日持ちもよくなります

〈材料〉 16㎝の丸型1個分

A
- 地粉…100g
- かたくり粉…25g
- シナモンパウダー…小さじ1
- ベーキングパウダー…小さじ1と1/2

バナナ…125g（熟したものよりかためのほうがよい）

レモン汁…大さじ1

B
- 菜種サラダ油…45g
- てんさい糖…45g
- 無調整豆乳…大さじ1
- 海塩…ひとつまみ

クルミ…30g

飾り用バナナ（スライス）…6〜7枚

C
- あんずジャム…大さじ2
- 水…大さじ1
- 粉寒天…小さじ1/4

◎薄力粉でつくるときは、地粉とかたくり粉をなくして、薄力粉100gと全粒粉25gに代える。

〈つくり方〉

1 ボウルにAを入れ、泡立て器でよくかき混ぜ、ダマを取る。

2 バナナはスライスして別のボウルに入れ、レモン汁をかけ、フォークの背でつぶし、*1*の泡立て器でよく混ぜて粘りを出す（①）。

3 *2*にBを加え、てんさい糖が溶けるまでよく混ぜる。

4 *3*に*1*を加え、ゴムべらでツヤが出るまで、ぐるぐると素早く混ぜる（②）。クルミも加えて軽く混ぜる。

5 型に流し込み、生地の表面に飾り用バナナを並べる（③）。170℃に温めたオーブンに入れ、45分焼く。焼き上がりに竹串を刺して、生地がつかなければOK。型から外して粗熱を取る。

6 小鍋にCを入れて、よく混ぜながら弱火にかけ、全体的にふつふつと泡が立つくらいまで煮立てて火を止め、冷めたケーキに塗る（④）。

◎夏は冷蔵庫、冬は常温で2日間保存可能。飾り用バナナをクルミに代えると夏は冷蔵庫、冬は常温で1週間は保存可能。

飾りはクルミでもよい。その場合、日持ちがよくなる

つぶしたバナナは泡立て器でより細かくする

はけで全体を塗る。こうすることでツヤが出て、乾燥も防ぐ

最初は粉っぽいが混ぜているうちに粉っぽさはなくなる

Point

バナナの粘りが炭酸ガスを包み、ふっくらした仕上がりになります。粘りが強いかためのバナナを選び、しっかり混ぜましょう。

米粉のパウンドケーキ

パウンドケーキといっても小麦粉も卵もバターも使いません。米粉なので小麦アレルギーの人もOK。グルテンがないので混ぜ過ぎても問題なし。誰でも食べられて手土産にもぴったりです。

Ver.1

レモンパウンドケーキ

主な材料は米粉と甘酒と豆乳
焼くまでの時間は10分！

〈材料〉18cmのパウンド型1台分

米粉（製菓用）…80g
アーモンドプードル…25g

A
- コーンスターチ（またはかたくり粉）…20g
- ベーキングパウダー…小さじ1
- 重曹…小さじ1／2

B
- 甘酒（濃縮タイプ）…70g
- 無調整豆乳…50g
- レモン汁…20g
- てんさい糖…10g
- 海塩…ひとつまみ
- 菜種サラダ油（または太白ごま油）…50g
- すりおろしたレモンの皮…1／2個分

【レモンシロップ】
蜂蜜…大さじ1と1／2
レモン汁…小さじ2

1 パウンド型にオーブンシートを敷く。オーブンを180℃に温める。

2 小さな容器にAを入れ、ダマにならないよう、泡立て器で混ぜておく（①）。

3 ボウルにBを入れ、泡立て器でよく混ぜ、豆乳と油を乳化させる（②）。

4 3に米粉とアーモンドプードルを加え、ムラがなく、ツヤが出てなめらかになるまでよく混ぜる。

5 オーブンが温まっているか確認する。4に2を加え（③）、素早くよく混ぜる（④）。

6 すぐに型に流して表面をならし、型をトントン打ちつけて空気を抜く。180℃のオーブンで10分、160℃に下げて20分焼く。

7 竹串を刺して火の通り具合を確かめる。シロップの材料を合わせ、ケーキが熱いうちにはけで塗る（⑤）。切り分けてレモンの蜂蜜漬けをのせてもよい。

1

3

2

4

5

Point
重曹は指定より少し多いだけで苦味が残ります。多めより少なめ、小さじ1/3ぐらいの気持ちで。

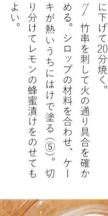

Ver.2

チョコパウンドケーキ

コーンスターチをココアに替えるだけ
つくり方は同じです

〈材料〉18cmのパウンド型1台分
- 米粉（製菓用）…80g
- アーモンドプードル…25g
- A
  - 無糖ココア…20g
  - ベーキングパウダー…小さじ1
  - 重曹…小さじ1／2
- B
  - 甘酒（濃縮タイプ）…70g
  - 無調整豆乳…50g
  - レモン汁…20g
  - てんさい糖…10g
  - 海塩…ひとつまみ
  - 菜種サラダ油（または太白ごま油）…50g
- ラムレーズン…50g

【ラムシロップ】
- 蜂蜜（またはメープルシロップ）…大さじ1
- ラム酒…小さじ1

1〜4 レモンパウンドケーキと同様にする。

5 オーブンが温まっているか確認する。4に2を加え、素早くよく混ぜる。

6 ラムレーズンを加えて①混ぜたら、すぐに型に流して②表面をならし、型をトントン打ちつけて空気を抜く。180℃のオーブンで10分、160℃に下げて20分焼く。

7 竹串を刺して火の通り具合を確かめる。シロップの材料を合わせ、ケーキが熱いうちにはけで塗る。

1

2

memo

材料をきちんと量り、しっかり混ぜて焼けば、誰でも簡単においしい米粉のケーキができます。

米粉について

ここで使う米粉はうるち米の粉で、上新粉よりさらにきめ細かく製粉された製菓用がベスト。グルテンや増粘剤が添加されていないものを使ってください。製菓用の中でも粒子の細かさはそれぞれ違いますが、細かいほうがふんわり仕上がります。

甘酒について

甘酒のとろみが生地をつなぎます。米粒が残っていると乳化しにくいので、とろみが強く、米粒のないタイプがおすすめです。

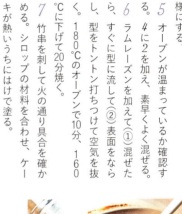

オマケ

いちごのクランブルケーキ

同じ生地でもう1品
はっさくや紅玉でもできます

〈**材料**〉25cm×18cmのホーロー容器1台分

レモンパウンドケーキの生地と同様（レモンの皮は除く）
いちご（縦に半切り）…120g
【クランブル】
米粉（製菓用）…20g
アーモンドプードル…20g
てんさい糖…20g
溶かしたココナッツオイル（または菜種サラダ油）…20g
海塩…少々

1 底が浅くて平らな耐熱性の容器にオーブンシートを敷く。
2 クランブルの材料をボウルに入れ、ゴムべらで粉っぽさがなくなるまでよく混ぜる（①）。
3 レモンパウンドケーキと同様に生地をつくり、素早く容器に流し込む。
4 上にいちごをのせてクランブルを散らし（②）、170℃に温めたオーブンで30分くらい、こんがりするまで焼く。

ブルーベリーでも
おいしい

オマケのオマケ

フルーツクランブル

1 鋳物《いもの》などの小さな耐熱性の容器にいちごなどの果物120gを入れ、いちごのクランブルケーキの半量のクランブルをかける。
2 180℃に温めたオーブンで25分くらい焼く。

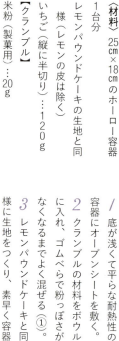

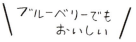

白崎裕子さん×編集部

編　小麦粉も卵も使わずに、米粉と甘酒でこんなにおいしいケーキができるんですね。しかも簡単！

白　その分いろいろな秘密があります。グルテンのない米粉の生地を甘酒のとろみでつないで、ふんわりしたケーキにします。アーモンドプードルはコクや風味、コーンスターチは軽さを出します。豆乳の大豆臭さは塩が消し、重曹とレモンの化学反応で生地を膨らませます。

編　どの材料も意味があるんですね。

白　そうなんです。何かが抜けたり量が変わると同じものができない。それぞれが反応することで、苦味や酸味が消え、ふわふわのパウンドケーキだけが残ります。

編　普通は生地は混ぜ過ぎないのがコツですが、このケーキは逆ですね。

白　小麦粉が入っていないので粘りのもとのグルテンはできません。米粉は吸水に時間がかかるので、むしろしっかり混ぜることが大事です。

編　卵や乳製品、小麦にアレルギーのある人もこれなら食べられます。

白　カロリーもちょっと控えめ。

編　それはそれでうれしい（笑）。

白　もちろん食べ過ぎたら太りますよ。

アイスクリーム

市販のアイスクリームは食べたあと、口の中がべたつきませんか？
手づくりなら、そんな心配ありません。
口当たりはさらっと、でもコクがある
豆乳と米粉でつくるアイスクリームです。

豆乳アイスの素

start!

〈材料〉約400g・4人分

A
- 無調整豆乳…300g
- 米粉（上新粉でもよい）…15g
- てんさい糖…45g
- 海塩…ひとつまみ
- バニラビーンズ…1／2さや（しごいて種だけ使う）

B
- 無調整豆乳…100g
- 太白ごま油（または菜種サラダ油）…大さじ1〜2

1 Aを鍋に入れ、泡立て器でよく混ぜ、ダマをなくす。

2 1を中火にかけ、木べらで絶えず混ぜながら沸騰させ（①）、弱火にして、常にふつふつしている状態で5分加熱。木べらからトロリとたれる状態になったら火を止める（②）。

Point
材料の塩は重要です！ 塩は豆の青臭みやクセを消して、まろやかにしてくれます。でもアイスに塩味は残りません。

3 Bを加えて泡立て器でよく混ぜ、豆乳と油を乳化させる（③）。

Point
最初は油が浮いていますが、粉のトロミで乳化します。油のダマダマがなくなるまでよく混ぜます。

4 粗熱を取って密閉容器に入れ（④）、しっかりかたまるまで冷凍する。半日おけばほぼかたまる。これで「豆乳アイスの素」が完成。冷凍庫で2週間保存可能。

バニラアイスクリーム

凍らせたアイスの素をフードプロセッサーにかけるだけ

凍った豆乳アイスの素

1 カチカチに凍ってかたまった豆乳アイスの素を容器から出してまな板に伏せ、細かく切る(①)。

2 フードプロセッサーへ入れてなめらかになるまでトータルで約2分撹拌する。最初はつぶつぶ状になる(②)。

memo
撹拌時間の2分は目安。気温で変わりますので、アイスの状態を見て判断しましょう。

すぐに食べるのがおすすめ
舌ざわりもよくなめらか
チョコソースをかけてもおいしい

3 さらに撹拌すると徐々になめらかになり、ひとかたまりになる(③)。一度ゴムべらでザッと混ぜ、再度撹拌し、表面がつやっとしたら完了(④)。

4 溶けないうちに冷やした器に盛り付ける。特に夏場は溶けやすいのですぐ食べる。きれいにすくいたいときは、冷凍庫で30分ほど冷やす。

memo
一度、冷凍庫に入れて冷やしてかためれば、アイスクリームディッシャーなどできれいに丸くすくえます。

ラズベリーアイスクリーム

冷凍フルーツを使えば
どんどんアレンジが広がります

〈材料〉
豆乳アイスの素…p110のレシピの半量（約200g）
A
- 冷凍ラズベリー…100g
- 蜂蜜…大さじ1
- 太白ごま油（または菜種サラダ油）…小さじ2

カットした豆乳アイスの素とAをフードプロセッサーに入れて（①）、なめらかになるまで約2分撹拌する（②）。

◎ブルーベリーの場合は、冷凍ラズベリーを冷凍ブルーベリー100g＋レモン汁小さじ2に代えて同様につくる。

Point
フードプロセッサーは使用後、熱をもつので、次のアイスを撹拌するときは少し間を空けましょう。

1

2

おまけのもう一品

チョコバナナアイス

1 バナナを輪切りにしてオーブンシートを敷いたバットに並べ、楊枝などを刺して凍らせる。
2 凍ったバナナをパリパリチョコソース（下参照）に浸し、クルンと回して全体につける。チョコがかたまらないうちにキャラメルナッツ（下参照）をつけてもおいしい。

食感が楽しくなる
アイスの友

パリパリチョコソース

〈材料〉つくりやすい分量
ココナッツオイル…50g
無糖ココア…25g
蜂蜜…25g

瓶に溶かしたココナッツオイル、ココア、蜂蜜を順に入れ、そのつど、よく混ぜる。冷蔵庫に入れるとかたまるので、使うときにつくり、そのつど使い切る。

キャラメルナッツ

〈材料〉つくりやすい分量
好みのナッツ（スライスアーモンド、クルミなど）…80g
A
- てんさい糖…45g
- 水…大さじ1
- 塩…少々

1 ナッツはオーブンシートを敷いた天板に並べ、160°Cに温めたオーブンで10分ローストする。
2 小鍋にAを入れてよく混ぜ、中火にかける。大きな泡が出てきて茶色く色づいてきたら火を止め、1を一度に入れてからめ、オーブンシートに広げて冷ます。

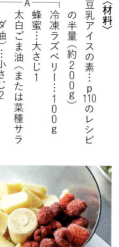

白崎裕子さん×編集部

編 このアイス、コクも食べごたえもあるのに、食べたあとの口の中がサラッとして、ネバネバ感が残りません。

白 はい。糖分も油分も少ないのでさっぱり、サラッとしています。そのぶん、冷凍庫でカチカチになりやすいですが、食べる前に冷蔵庫に30分ほど入れておけば、やわらかくなりますよ。

編 シャーベットならともかく、植物性の素材だけでこんなにクリーミーなアイスクリームができるのが驚きです。

白 米粉で出したとろみで、油と豆乳を乳化させ、生クリームの代わりにしています。これなら、牛乳や卵のアレルギーのお子さんも食べられます。

編 ラズベリーもブルーベリーもおいしい。要はアイスの素さえつくっておけば、いつでも好みの味のアイスを食べられるってことですね。

白 そうなんです。香りづけもバニラビーンズじゃなく、シナモンやジンジャーパウダー、ラム酒でもいい。果物も食べきれないものは冷凍しておけばいつでもアイスクリームに使えます。パイナップルもおいしいですよ。ほかにも、バニラを撹拌するときに抹茶やきな粉を混ぜたり…。

編 また、終わらないんですね…。

ゼリー

果物からコーヒー、抹茶まで。寒天でつくるやわらかい食感のゼリーです。寒天ならすぐにかたまるし、扱いも簡単。加熱しないフレッシュな果物を使ったゼリーは手づくりでしか味わえません。

start!

ぶどうとワインのゼリー

ジューシーなぶどうたっぷり寒天少なめのやわらかい食感

〈材料〉6人分

巨峰…1房（正味250g）
蜂蜜…大さじ4
A「水…1と1／4カップ（250㎖）
　└粉寒天…小さじ1
赤ワイン…75㎖

◎右下の写真の黄色いゼリーは、デラウエアと白ワインのゼリー。デラウエア2房（正味250g）と白ワイン75㎖で同様につくれる。

1 ぶどうは皮をむき、バットに蜂蜜と合わせておく。浸透圧でぶどうから果汁が出て蜂蜜に味と香りが移るので、ゼリーの部分もぶどう味になる（①）。

2 小鍋にAを入れ、5分ほどおき、中火で煮立てる（②）。ふきこぼれそうなときは、一度火からはずす。

Point
少ない量の寒天を完全に煮溶かすのがポイント。5分おいてふやかしたら、あとはしっかり沸騰させて溶かし切りましょう。

①

②

3 弱火にしてさらに3分加熱する。液が透明になる。ワインを加えて（③）火を止める。

Point
子ども向けには、ここでひと煮立ちさせてワインのアルコールを飛ばします。

4 1に3を加えて（④）よく混ぜ、粗熱が取れたら冷蔵庫で冷やしかためる。かたまるまでは動かさない。スプーンなどでくずして器に盛る。

③

④

りんごくずゼリー

加熱した果物でつくる
くず粉入りのゼリー

〈材料〉6人分

A
- 水…1カップ
- 粉寒天…小さじ1
- くず粉…大さじ1と1／3
- 海塩…少々

100％りんごジュース
…1と1／4カップ（250㎖）

B
- 蜂蜜…大さじ3と1／2
- レモン汁…小さじ2

りんご…小1個（正味150g）

1 小鍋にAを入れ、5分ほどおき、よく混ぜてくず粉をしっかり溶かす。

2 りんごは皮をむいて1㎝角にカットし、カットしたそばから*1*に入れていく（①）。皮は一部残してもよい。

memo
Aに入っている塩はりんごの変色防止のため。くず粉はゼリーにとろみをつけてプルプル感を出します。

①

②

フルーツが透けて涼しげ
少量の寒天にくず粉が入ると
ぷるぷるした食感になります

3 2を木べらで混ぜながら中火にかけ、沸騰したら弱火にし、絶えずかき混ぜながら（②）、フツフツしている状態で5分加熱し（③）、火を止める。

4 Bを加えてよく混ぜ、水でぬらした型に注ぎ、冷蔵庫で冷やしかためる。グラスなどにかためてそのまますくって食べてもよい。

③

ぶどうとワインのゼリーは持ち寄りのデザートにも

このゼリーは型に流したままなら、かたくて水分が出にくいので携帯しやすいです。ただし、スプーンなどでくずすと、フルーツから果汁が、寒天からは水が出て急にやわらかくなります。時間がたつと水っぽくなるので食べる直前に盛りつけます。

コーヒーゼリー

ブランデー入りは
大人の味
独特のゆるい食感が特徴

〈材料〉6人分

A
- 水…3カップ
- 粉寒天…小さじ1
- くず粉（または米粉）…大さじ1

てんさい糖…大さじ2
ブランデー…小さじ1／2（なくてもよい）
インスタントコーヒー…大さじ3〜4

1 小鍋にAを入れ、5分ほどおき、よく混ぜてくず粉をしっかり溶かす。

2 木べらで混ぜながら中火にかけ、沸騰したら弱火にし、絶えずかき混ぜながら（①）、フツフツしている状態で3分加熱し、火を止める（②）。

3 てんさい糖、ブランデー、インスタントコーヒーの順に加えて、そのつどよく混ぜ、ひと煮立ちさせて火を止める。

4 器に注ぎ、粗熱を取って冷蔵庫で冷やしかためる。

memo
寒天とくず粉の液は白く濁っていますが、加熱するとくず粉が溶けて透明になります。

抹茶ゼリー

小豆あんを添えれば
リッチなデザートに

〈材料〉6人分

A
- 水…3カップ
- 粉寒天…小さじ1
- くず粉（または米粉）…大さじ1

抹茶…小さじ2と1／2
てんさい糖…大さじ2
水…大さじ2

1 小鍋にAを入れ、5分ほどおき、よく混ぜてくず粉をしっかり溶かす。

2 ヘラで混ぜながら中火にかけ、沸騰したら弱火にし、絶えずかき混ぜながら、フツフツしている状態で3分加熱し、火を止める。

3 小さな容器に抹茶とてんさい糖を入れてよく混ぜ、水を入れてダマがなくなるまでよく混ぜる（①）。

4 3を2に加えて混ぜ、器に注ぎ、粗熱を取って冷蔵庫で冷やしかためる。抹茶は酸化すると味が落ちるので、つくったその日に食べる。

point
水だけ先に入れるといつまでも抹茶のダマが残ります。先にてんさい糖と混ぜておきます。

練乳シロップで好みの甘さにして食べる。練乳シロップをつくらない場合は、てんさい糖を多めに入れる

たっぷりかけたい ゼリーの友

練乳シロップ

〈材料〉
無調整豆乳…200g
くず粉…小さじ2（5g）
てんさい糖…50g
海塩…少々

1 小鍋にすべての材料を入れ、よく混ぜてくず粉を溶かし、絶えずかき混ぜながら弱火にかけ、沸騰したらそのまま2分加熱し、火を止める。

2 水を張ったボウルに1をあてて、かき混ぜながら冷ます。こうすると、表面に膜がはらない。

白崎裕子さん×編集部

編 寒天でつくるゼリーってカチカチのイメージでしたが、これはやわらか。くず粉入りはプルンとしてます。

白 寒天もただカッチリかためるだけでなく、具によって水の量を変えたり、くず粉を入れる入れないで食感の違いが出せるんですよ。日本の伝統的な凝固剤ですから、上手に使いたいですね。

編 寒天の量が少なくても、ちゃんとかたまるのでびっくりしました。

白 沸騰してからも加熱して完全に煮溶かせば、少なくても大丈夫。粉のほうが扱いやすいですが、棒寒天でもいいですよ。ただし、かたまるまで絶対に動かさないこと！　食感が悪くなります。熱々なら大丈夫ですが、かたまりかけは移動禁止。かたまってから冷蔵庫で冷やしましょう。

編 ブドウのゼリーは、果汁のジューシーな感じがたまりません。

白 果物が過熱してある市販のゼリーとはひと味違うおいしさです。季節のフレッシュな果物をたっぷり使えるのは、家の手づくりならでは。春ならイチゴと赤ワイン、初夏ならグレープフルーツと白ワイン、夏ならモモと白ワイン…。どの季節でもおいしいゼリーができます。

蒸せば楽しい 冬の宴の料理

食卓にほかほかの蒸しものがあったら
それだけで、もうごちそう。
ちょっとお酒が恋しくなる、
冬の宴会にぴったりの蒸し料理のレシピです。

蒸し料理って簡単なのに豪華に見える だから、宴の場にぴったり

　ここのテーマは、お酒に合う・女性が喜ぶ・簡単なのに豪華な冬の宴会レシピ。となれば、蒸籠や蒸し器の出番、蒸し料理がぴったりです。

　だいたいお客さんってちょうどいい時間に来ないものですが、蒸し料理なら温め直しもできるから冷めても大丈夫。それに一度蒸し始めたら、あとは器を変えるだけ。次々料理ができあがります。蒸しものは素材の味が抜けず、形もくずれにくい。焦げないから、料理の初心者でも失敗しないんです。

　ただ蒸し料理というと、あっさりした味ばかりになりがち。そこは「かんたんキムチの素」がビシッと味をしめます。メインの「厚揚げのチリソース」と箸休めの「大根とりんごのキムチ」は、色も鮮やかで食卓もぐんと華やかになります。

　そしてやっぱり欲しいのが、ドリンクとデザート。このメニューなら熱燗《あつかん》も合いますが、手づくりのホットワインは女性に喜ばれます。もちろんノンアルコールの飲みものも用意して。最後はデザート。蒸し料理で温まったあとは、冷たい「りんごの杏仁豆腐」で締めます。

　宴会では、凝った料理1品より、簡単なおつまみを2品出したほうが歓迎されます。あれもこれも蒸して、にぎやかな食卓にしてください。

かんたん甘栗おこわ

栗ときのこがほっくりの
打ち水いらずのおこわ
蒸籠ごとテーブルに出せば
ごちそう度がアップ

〈材料〉6人分
もち米…500g
きのこ（舞茸、しめじなど）…100g
甘栗…120g
A
- 醤油、純米酒、本みりん…各大さじ2
- ごま油…大さじ1と1/2
- 海塩…小さじ1/2

こしょう…適量

〈つくり方〉

1　もち米は洗って1時間以上水に浸ける。水を切って、布巾を敷いた蒸し器に入れ、箸などで穴をつくる（①）。
2　蒸気の上がった蒸し器で20分蒸す。その間に大きなボウルにきのこをほぐし、Aとよく混ぜて、きのこの水分を出しておく。
3　蒸したもち米を*2*のボウルに入れてよく混ぜる（②）。甘栗も加えて混ぜ、もち米が水分をすべて吸って、醤油の色むらがなくなったら混ぜ終わり。これで打ち水の必要がなくなる。最後にこしょうをふって混ぜる。
4　*3*を蒸気の上がった蒸し器に戻し、さらに20分蒸す。冷めたら5分ほど蒸し直せば、お客さんには温かいものが出せる。

◎ごま油とこしょうを入れずに、油揚げやにんじん、ごぼうなどを入れると和風のおこわになる。ゆでたけのこ、鶏肉も合う。
◎生の栗を使う場合は、もち米と一緒に最初から蒸す。

①下からの蒸気が通る穴を開けておく

②もち米に調味料や水分が行きわたるよう、全体を混ぜる

厚揚げのチリソース

煮るのが難しい厚揚げも
蒸せばふんわりやわらか
トマトにキムチの素を混ぜると
深い味わいに

〈材料〉6人分

厚揚げ…2パック(350～400g)
　(ひと口大に切る)

A
- トマトの水煮…1缶(400g)
　(手でよくつぶす)
- かんたんキムチの素
　(左ページ参照)…大さじ3
- 醤油、白すりごま、ごま油
　…各大さじ1

青ねぎ(ニラでもよい)…適量

〈つくり方〉

/　Aをよく混ぜて厚揚げにからめ、耐熱皿に入れて、蒸気の上がった蒸し器で15分蒸す。あれば刻んだ青ねぎなどの青みを散らす。耐熱容器のままテーブルに出してもよい。

◎厚揚げをかたくり粉を薄くまぶしたエビに代えれば、エビチリソースに。

かんたんキムチの素

かつお節が魚醤や
アミの代わりになり、
発酵した甘酒や梅酢と合わせるので
すぐに使えます

〈材料〉つくりやすい分量
甘酒（濃縮タイプ）…100g
海塩…小さじ1
梅酢…小さじ2
一味唐辛子…小さじ2（好みで量は調節）
にんにくのすりおろし…1かけ分（5g）
しょうがのすりおろし…にんにくと同量
かつお節…1パック（または昆布粉末小さじ1）

かつお節は袋ごと手でもんで粉末にしておく。すべての材料を保存容器に入れてよく混ぜ、常温で一晩おく。よい香りがしてきたら完成。野菜のぬか漬けや、塩漬けにからめるだけで、簡単にキムチがつくれる。保存は冷蔵庫で1カ月可能。
◎辛いのが苦手な人は、唐辛子を少なくしてもよい。赤さを出したければ、パプリカパウダーを補う。

大根とりんごのキムチ

りんごの甘さで
辛さもやわらぎます
女子会なら
りんごは多めでもOK

〈材料〉6人分
大根…1/2本（500g）
りんご…1/2個（100g）
にんじん…1/3本
ニラ（または青ねぎ）…適量
海塩…小さじ2（10g・大根の2%塩分）
かんたんキムチの素…50g

〈つくり方〉
1 大根とりんごはサイコロ状に、にんじんはせん切り、ニラは3cm長さに切る。
2 ポリ袋に大根とにんじんを入れて海塩を加え、よくもむ。水分が出てきたらりんごとニラも加え、軽くもんで、常温で半日おいておく。
3 2の水をよく切り、キムチの素をからめる。よく冷やしておくとおいしい。

蒸し野菜のホットピクルス

蒸したて野菜に
ピクルス液をかけるだけ
野菜がたっぷり食べられる
大皿の料理

〈材料〉6人分
かぼちゃ、カリフラワー、蓮根、エリンギ、にんじんなど、好みの野菜ときのこ
…400～500g

【ピクルス液】つくりやすい分量
純米酢…100㎖
水…50㎖
てんさい糖…大さじ1と1/2
うす口醤油（または濃口醤油）…大さじ1
海塩…ふたつまみ
にんにく…1/2かけ
ローリエ…1枚（またはオレガノ・バジルなど少々）
黒こしょう（粒）…好きなだけ

〈つくり方〉
1　ピクルス液の材料を鍋に入れて中火にかけ、沸騰したら弱火で5分煮て、冷ましておく。保存容器に入れておくと、いつでもピクルスがつくれて便利。保存は冷蔵庫で1カ月。
2　かぼちゃは7㎜、エリンギは5㎜、蓮根は2㎜の薄切りにし、カリフラワーはひと口大に切る。耐熱皿に並べて、蒸気の上がった蒸し器で野菜に火が通るまで10分蒸す。
3　皿を蒸し器から取り出し、野菜が熱々のうちに冷たいピクルス液を回しかける。主菜にする場合は、ごま油やオリーブオイルを回しかけてもおいしい。

青菜の蒸しナムル

アクの少ない菜っ葉なら
何でも大丈夫
調理器具も少なく
おひたしより簡単

〈材料〉6人分
小松菜…2束
ニラ…1/2束
ごま油、醤油、白すりごま…適量

〈つくり方〉
1　小松菜とニラは2㎝幅に切る。ごま油をからめて耐熱皿にのせ、蒸気の上がった蒸し器で4分蒸す。すりごまをからめ、醤油で味を調える。
◎皿に盛ったまま蒸せばもっと簡単。冷めてもおいしいので、つくりおきもできる。その場合、醤油で和えるのは食べる直前にする。
◎野菜は、青梗菜、白菜、もやしなど、アクの少ない野菜なら何でもよい。

りんごの杏仁豆腐

食後にうれしいやさしい味
やわらかすぎないりんごの食感がよい

〈材料〉6人分

【杏仁豆腐】

A
- 粉寒天…小さじ2
- 水…350mℓ

B
- 無調整豆乳…180mℓ
- 蜂蜜…大さじ3
- アーモンドエクストラクト*…小さじ2

【りんごシロップ】

C
- 水…200mℓ
- レモン汁…小さじ1
- 海塩…ひとつまみ

りんご…中1個
蜂蜜…大さじ4
あればクコの実…適量

〈つくり方〉

1　鍋にAを入れてよく混ぜて中火にかけ、グラグラッと沸騰したら弱火にして3分加熱する。

2　火を止めてBを入れて混ぜ、好みの容器に流し込み、粗熱を取って冷蔵庫で冷やしかためる（杏仁豆腐）。

3　鍋にCを入れておき、

4　皮をむいたりんごをサイコロ状に切り、切ったそばから3の鍋に素早く入れていく（変色を防ぐ）。

5　3の鍋を中火にかけ、沸騰したら弱火にし、アクを取りながら5分加熱して火を止め、蜂蜜を入れてそのまま冷まし、冷蔵庫で冷やしておく（りんごシロップ）。

6　2のかたまった杏仁豆腐にナイフで切り込みを入れ（写真下）、りんごシロップを入れて混ぜる。あればクコの実も入れるときれい。

＊アーモンドエクストラクトがない場合は、アマレット（杏の種を原料とするリキュール）で代用可能。その場合、杏仁豆腐とシロップの両方に大さじ1を入れる。

ひし形に切ると盛りつけてもきれい

りんごとシナモンのホットワイン

シナモンとりんごの相性は抜群
つくって寝かせると
よりおいしくなります

〈材料〉 4人分
赤ワイン…400mℓ
水…150mℓ
りんご…1個（200g）
蜂蜜…大さじ2と1/2～好みで
シナモンスティック…1本

〈つくり方〉
1 りんごを小さめのサイコロ状に切り、すべての材料を鍋に入れて1時間くらいおく。
2 以降、「みかんとしょうがのホットワイン」と同じ手順でつくる。

◎このホットワインはしばらく寝かせるとおいしくなる。あらかじめつくっておき、飲むときに温めるとよい。

みかんとしょうがのホットワイン

冬にぴったりのみかんの味
できたてがおいしいので
出す直前に温めます

〈材料〉 4人分
白ワイン…400mℓ
みかん…4個（200mℓ）
蜂蜜…大さじ2～好みで
しょうがの薄切り…4枚

〈つくり方〉
1 みかんを2つに切り、果汁をしぼる。果肉も入れる。
2 すべての材料を鍋に入れて弱めの中火にかけ、沸騰直前まで加熱する。ここで火を止めるとアルコール分が残るので大人向け。さらに2分加熱するとアルコールに弱い人でも楽しめる。

◎このホットワインはできたてがおいしい。しょうがはすりおろしを入れると、ピリリとスパイシーに。

カモミール・レモンティー

レモンがカモミールの
香りをやわらげて
飲みやすい味です

〈材料〉 4人分
カモミールティーのティーバッグ
…4パック
レモンスライス…4枚

〈つくり方〉

温かいカモミールティーにレモンスライスを入れる。蜂蜜やアガペシロップを入れてもおいしい。

野菜の加工品

きのこ

果物とその加工品

スパイス

油・甘味料

※数字はページ、( )内は料理名を示しています。

食材別索引

米とその加工品

甘酒…58（レモンだれ）、59（しょうがこしょう）、60（万能だれ）、106（レモンパウンドケーキ）、107（チョコパウンドケーキ）、108（いちごのクランブルケーキ）、123（かんたんキムチの素）

米・ご飯…7（白米の炊き方）、8（分づき米の炊き方）、9（玄米の炊き方）、10（コンビニ風 塩むすび）、11（海苔がゆ）、12（ちらしずし）、14（ぐるぐる表巻き）、15（ぐるぐる表巻き 芯あり）、16（ぐるぐる裏巻き、おかか巻き）、55（ひよこ豆のケチャップライス）、66（おばあちゃんのカレーライス）、67（エビのフレッシュトマトカレー）、69（なすのココナッツミルクカレー）、84（古漬け炒飯）、120（かんたん甘栗おこわ）

米粉・白玉粉…13（薄焼き卵風クレープ）、26（ニョッキ）、28（たたきイカトマトソースのニョッキ、すいとん）、47（豆乳チーズの素）、64（ココナッツオイルのカレールウ）、74（野菜のかき揚げ）、75（さつまいもの天ぷら）、76（納豆揚げ）、106（レモンパウンドケーキ）、107（チョコパウンドケーキ）、108（いちごのクランブルケーキ）、111（バニラアイスクリーム）、112（ラズベリーアイスクリーム）

米ぬか…82（ぬか漬け）

粉類

かたくり粉・コーンスターチ…79（がんもどき）、84（エビとぬか漬けきゅうりの炒め物）、96（ごまクッキー、ジャムサンドクッキー）、98（ぶどうのタルト）、100（紅茶のマドレーヌ）、104（バナナとクルミのケーキ）、106（レモンパウンドケーキ）、108（いちごのクランブルケーキ）

くず粉…98（ぶどうのタルト）、115（りんごくずゼリー）、116（コーヒーゼリー、抹茶ゼリー、練乳シロップ）

ココア…37（豆乳チョコクリーム）、102（ラム酒チョコケーキ）、107（チョコパウンドケーキ）、112（パリパリチョコソース）

地粉（国産の中力粉）…13（薄焼き卵風クレープ）、20（無敵の即打ちうどん）、32（平焼きパン）、34（ピタパン）、37（豆乳チョコクリーム）、40（丸パン）、43（直焼き丸パン）、44（揚げ丸パン）、45（蒸し丸パン）、47（ピザ）、48（フォカッチャ）、56（コーンクリームコロッケ）、63（地粉のカレールウ）、80（サバのつみれ）、90（地粉のホワイトルウ）、96（ごまクッキー、ジャムサンドクッキー）、98（ぶどうのタルト）、100（紅茶のマドレーヌ）、102（ラム酒チョコケーキ）、104（バナナとクルミのケーキ）

全粒粉…98（ぶどうのタルト）

豆・大豆加工品

厚揚げ…61（野菜と厚揚げの万能だれ炒め）、66（おばあちゃんのカレーライス）、122（厚揚げのチリソース）

油揚げ…13（すし三郎）、22（お好み冷やしうどん）、28（すいとん）、68（冷やしカレーうどん）

豆乳…13（薄焼き卵風クレープ）、24（冷やし坦々麺）、37（豆乳チョコクリーム）、47（豆乳チーズの素）、48（豆乳チーズフォンデュ）、52（豆乳マヨネーズ）、56（コーンクリームコロッケ）、87（白湯スープ）、90（かぶとエリンギのクリームスープ）、91（カレーシチュー）、98（ぶどうのタルト）、100（紅茶のマドレーヌ）、104（バナナとクルミのケーキ）、106（レモンパウンドケーキ）、107（チョコパウンドケーキ）、111（バニラアイスクリーム）、112（ラズベリーアイスクリーム）、116（練乳シロップ）、126（りんごの杏仁豆腐）

豆乳ヨーグルト…47（豆乳チーズの素）

豆腐（木綿・絹ごし）…26（ニョッキ）、28（たたきイカトマトソースのニョッキ、すいとん）、79（がんもどき）、84（古漬け椎茸の辛酸っぱいスープ）、88（豆腐と青菜の中華スープ）、102（ラム酒チョコケーキ）

納豆…22（お好み冷やしうどん）、76（納豆揚げ）

ひよこ豆…37（ひよこ豆のペースト）、55（ひよこ豆のケチャップライス）、71（ひよこ豆のピクルス）

種実類とその加工品

アーモンド…112（キャラメルナッツ）

アーモンドプードル…92（白みそ粉チーズ）、96（ジャムサンドクッキー）、100（紅茶のマドレーヌ）、102（ラム酒チョコケーキ）、106（レモンパウンドケーキ）、107（チョコパウンドケーキ、108（いちごのクランブルケーキ）

クルミ…104（バナナとクルミのケーキ）、112（キャラメルナッツ）

ココナッツミルク…69（なすのココナッツミルクカレー）

白ごま・黒ごま（白すりごま）…12（ちらしずし）、16（ぐるぐる裏巻き）、22（お好み冷やしうどん）、25（具だくさんラー油）、47（ごまみそソース）、88（豆腐と青菜の中華スープ）、96（ごまクッキー）、122（厚揚げのチリソース）、124（青菜の蒸しナムル）

白練りごま…25（ごまだれ）、37（ひよこ豆のペースト）、47（青じそソース）、87（白湯スープ）

海産物とその加工品

アサリ…78（おでん）

イカ…28（たたきイカトマトソースのニョッキ）

エビ…67（エビのフレッシュトマトカレー）、84（エビとぬか漬けきゅうりの炒め物）

昆布（昆布粉末、昆布水）…24（麺つゆ）、25（ごまだれ）、28（すいとん）、63（地粉のカレールウ）、64（ココナッツオイルのカレールウ）、66（おばあちゃんのカレーライス）、68（冷やしカレーうどん）、70（夏の福神漬け）、71（オクラとトマトの冷たいの、新玉ねぎの甘酢漬け）、78（おでん）、84（古漬け椎茸の辛酸っぱいスープ）、86（焼きキャベツのスープ）、87（白湯スープ）、90（地粉のホワイトルウ）

サバの水煮…80（サバのつみれ）

タコ…78（おでん）

ちりめんじゃこ…84（古漬け炒飯）

ツナ…16（ぐるぐる裏巻き）、61（レモンだれのビーフンサラダ）

海苔…11（海苔がゆ）、14･15（ぐるぐる表巻き）、16（ぐるぐる裏巻き、おかか巻き）、22（お好み冷やしうどん）

ワカメ…22（お好み冷やしうどん）、79（がんもどき）

野菜といも

青じそ…47（青じそソース）、61（レモンだれのビーフンサラダ）

青ねぎ…22（お好み冷やしうどん）、68（冷やしカレーうどん）、88（豆腐と青菜の中華スープ）

アスパラガス…16（ぐるぐる裏巻き）、48（フォカッチャ）

オクラ…22（お好み冷やしうどん）、71（オクラとトマトの冷たいの）

かぶ…90（かぶとエリンギのクリームスープ）

かぼちゃ…124（蒸し野菜のホットピクルス）

カリフラワー…48（フォカッチャ）、124（蒸し野菜のホットピクルス）

キャベツ…86（焼きキャベツのスープ）

きゅうり…16（おかか巻き）、22（お好み冷やしうどん）、57（マカロニサラダ）、61（レモンだれのビーフンサラダ）、68（冷やしカレーうどん）、70（夏の福神漬け）、84（エビとぬか漬けきゅうりの炒め物）

コーン…56（コーンクリームコロッケ）

ごぼう…13（すし三郎）、25（具たくさんラー油）、70（夏の福神漬け）

小松菜、青菜…36（平焼きパンの野菜のソテーと豆のペースト添え）、84（古漬け炒飯）、88（豆腐と青菜の中華スープ）、124（青菜の蒸しナムル）

さつまいも…75（さつまいもの天ぷら）

さやいんげん…22（お好み冷やしうどん）、36（平焼きパンの野菜のソテーと豆のペースト添え）

さやえんどう、スナップえんどう…12（ちらしずし）、48（フォカッチャ）

じゃがいも…66（おばあちゃんのカレーライス）、78（おでん）、84（ぬか漬けじゃがいものガーリックソテー）、89（きのこミネストローネ）、91（カレーシチュー）

しょうが…13（紅しょうが）、22（お好み冷やしうどん）、25（具だくさんラー油）、59（しょうがこしょう）、60（万能だれ）、63（地粉のカレールウ）、65（ジンジャーカレールウ）、70（夏

白崎裕子　しらさき・ひろこ

神奈川県葉山の海辺の古民家で、予約がとれないオーガニック料理教室「白崎茶会」を主宰。日夜、研究を重ね、植物性素材を使ったおいしくて簡単なレシピを生み出す。座右の銘は「魂こがしてパンこがさず」。

近著に『白崎裕子の必要最小限レシピ』（KADOKAWA）など。『白崎茶会のあたらしいおやつ』『へたおやつ』（ともにマガジンハウス）は、2年連続で料理レシピ本大賞・お菓子部門の大賞を受賞。

http://shirasakifukurou.jp/

白崎裕子の料理とおやつ
うかたま連載5年分！

2018年12月5日　第1刷発行

著　者　白崎裕子
発行所　一般社団法人 農山漁村文化協会
〒107-8668　東京都港区赤坂7-6-1
☎03-3585-1142（営業）
☎03-3585-1145（編集）
FAX03-3585-3668
振替　00120-3-144478
http://www.ruralnet.or.jp

印刷・製本　凸版印刷株式会社

掲載　うかたま2013年秋号（32号）～2015年夏号（39号）
2016年冬号（41号）～2017年秋号（48号）
2018年春号（50号）～2018年秋号（52号）

＜検印廃止＞
ISBN 978-4-540-18163-4 定価はカバーに表示

写真
寺澤太郎、野口修二（p118～127）

スタイリング
高木智代（p62～71、118～127）
会沢真知子、藤戸亜矢（p94～105）

調理助手
菊池美咲、八木悠、上田悠、会沢真知子
山本果、水谷美奈子、和井田美奈子、田口綾
相川真紀子、高橋美幸、竹内よしこ

布小物
工藤由美

食材協力
陰陽洞、菜園野の扉

デザイン
野瀬友子、山本みどり

うかとたまのキャラクターデザイン
鈴木麻子

DTP製作
（株）農文協プロダクション

編集
中田めぐみ、伊藤照手